Gotthilf Gerhard Hiller
(Herausgeber)

Inanspruchnahme
Wenn Kinder und Jugendliche
die Initiative ergreifen

Erzählungen aus
Praxisfeldern der Pädagogik

Gotthilf Gerhard Hiller
(Herausgeber)

Inanspruchnahme

Wenn Kinder und Jugendliche
die Initiative ergreifen

Erzählungen aus
Praxisfeldern der Pädagogik

Festschrift für Hermann Wenzel

Armin Vaas Verlag

Der Herausgeber dankt
dem Förderkreis Reutlinger Lehrerbildung e.V.,
der Körperbehindertenförderung Neckar-Alb
und der Pädagogischen Hochschule Ludwigsburg,
die durch einen Druckkostenzuschuss
zum Erscheinen dieser Festschrift beigetragen haben.

2003
© Armin Vaas Verlag 89129 Langenau-Ulm
Umschlagbild: Konstantin Hiller unter Verwendung des Bildes eines
jungen Strafgefangenen (JVA Schwäbisch Hall, 1999)
Porträt (Seite 2): Foto Studio Höss, Münsingen
Abbildungen Seite 14: Werner Bleher; Seite 16: Matthias Pfitzenmaier;
Seiten 57, 58, 59: Karlheinz Kleinbach
Druck und Bindung: AZ Druck und Datentechnik, Kempten

ISBN 3-88360-137-3

Inhalt

Vorwort　　　　　　　　　　　　　　　　　　　　　Seite 7

Werner Bleher
E-Mail-Kontakt　　　　　　　　　　　　　　　　　　　11

Elisabeth Braun
Hasan und sein Student als „Eber" in der Wolfsschlucht　　15

Christoph Ertle
„Du kannst mein Haus anmalen."
Anfänger und Anfänge – oder: Vom Recht, unwissend zu sein　18

Norbert Feinäugle
Pädagogische Fiktionen　　　　　　　　　　　　　　　23

Rudolf Giest-Warsewa
Totalschaden　　　　　　　　　　　　　　　　　　　24

Bernd Götz und Peter Jauch
Andys Leistung. Wider die Genese der Dummheit　　　　27

Gotthilf Gerhard Hiller
„Wann haben Sie Zeit?"　　　　　　　　　　　　　　36

Ingeborg Hiller-Ketterer
Dilan: „Ist dein Vater arbeitslos?"　　　　　　　　　　39

Stefan Jeuk
„Polis değilki salak, araba"
(Es ist keine Polizei, du Dummkopf, es ist ein Auto)　　　42

Hansjörg Kautter
„Du sollst mit dem Männchen sprechen!"
Ein Kind schafft Verwirrung in der Testsituation　　　　46

Ursula Kerpa
Danyplussahne　　　　　　　　　　　　　　　　　　49

Gerhard Klein
Der „Willensschwache" setzt sich durch　　　　　　　53

Karlheinz Kleinbach
Die Tücke des Subjekts – oder: Kreuzweise
(Fünf Minuten aus einem Projektvideo)　　　　　　　　56

Siegfried Klöpfer
Praxisschock?   Seite 62

Walter König
Wie viel wiegt eigentlich die Erde?   65

Friedrich Kümmel
Stellungnahme zu einem Fall von Elternmord   67

Wolfgang Lipps
Die Wendeltreppe   78

Hartmut Melenk
Vertically challenged   81

Werner Nestle
„Ich fahre nach Afrika!"   85

Walter Popp
Zwischen Selbstständigkeit und Selbstüberschätzung – oder:
Was man in der Schule auch lernen kann   91

Gabriele Roth
Irene – oder: Über die Schwierigkeit zu helfen   94

Herbert Schaible
„Das hieße ja nicht, dass du gar nichts mehr mit mir machen dürftest …" –
Selbstständigkeit behinderter Menschen – ein Jonglieren mit
Abhängigkeiten?   100

Hans Schell
„Der wird wie sein Vater …"   105

Karl Schneider
Schüler fragen. Drei Episoden aus Israel   110

Thomas Seyfarth
Ja, ich bin stark   113

Ursula Stinkes
„… ich war Jemand mit einem Gesicht und einem Namen …"   115

Elisabeth Wehr-Herbst
Ein vielsagender Blick gen Himmel   120

Hermann Wenzel – Publikationen   122

Autorinnen und Autoren   125

Vorwort

> Wenn es um Erziehung und Bildung geht, haben die Erwachsenen, vorab die Fachleute das Sagen: „Was will denn eigentlich die ältere Generation mit der jüngeren?" – das sei die zentrale Frage, von der jedwedes Nachdenken über Pädagogik seinen Ausgang zu nehmen habe. So wissen wir es spätestens seit Schleiermacher. An „Einwirkungen": an Erziehungslehren mit detaillierten Anleitungen, an medial vielfältig ausgelegten Spiel- und Bildungsprogrammen, an Curricula für wohlgeordnete Ausbildungs- und Studiengänge ist wahrlich kein Mangel. Kinder und Jugendliche aller Altersstufen samt ihren Eltern, ihren Erzieher/innen, Lehrer/innen und Ausbilder/innen sind längst zu Zielgruppen einer Bewusstseins- und Bildungsindustrie geworden, auf deren Märkten jährlich weltweit Milliarden zu verdienen sind.

„Was wollen denn Kinder und Jugendliche von der älteren Generation?" Was passiert, wenn *sie* die Initiative ergreifen, wenn *sie* uns mit ihren Fragen verblüffen, wenn *sie* uns mit ihrem Wissen, ihren Erfahrungen und Erwartungen, auch mit ihren Enttäuschungen konfrontieren und mit ihren Ansprüchen auf materielle und immaterielle Zuwendung herausfordern? Wie reagieren wir, wenn *sie* uns mit ihrem Verhalten, mit den Aktionen, die *sie* starten, und mit den Fakten, die *sie* schaffen, zu verstehen geben, dass sie mit dem, was wir ihnen bieten und von ihnen verlangen nichts oder nur wenig anzufangen wissen, wenn *sie* sich dem entziehen, was wir (stellvertretend) von ihnen erwarten und wollen (müssen), konkret: wenn *sie* „schwänzen", ab- und ausbrechen, gar zu Drogen greifen und „abweichendes Verhalten" zeigen?

Wie steht es dann um die „Pädagogik vom Kinde aus"? Wo lässt sich lernen, mit all dem produktiv umzugehen, was Kinder und Jugendliche sämtlicher Altersstufen in die geplanten pädagogischen und medial ausgelegten Inszenierungen von sich aus einbringen und damit unsere Kreise stören? Wie ist es um „unterstützende" und „gegenwirkende Tätigkeit" (Schleiermacher) bestellt, wenn wir, das pädagogische Personal, plötzlich nicht mehr Herr des Verfahrens sind? Wie gehen wir um mit Inanspruchnahme, Verstörung und Provokation? Gelingt uns mehr und anderes als Verstummen, Ignorieren, Vertrösten – oder in schlimmeren Fällen: Ausgrenzen, Abschieben, Fallenlassen?

Ich stelle Ihnen diese Fragen, weil ich Sie einladen möchte, zu einem kleinen Buch beizutragen, das Anfang Februar 2003 unter dem Titel: *Inanspruchnahme. Wenn Kinder und Jugendliche die Initiative ergreifen. Erzählungen aus Praxisfeldern der Pädagogik* erscheinen soll.

Ich wünsche mir, dass Sie auf zwei bis höchstens fünf Schreibmaschinenseiten eine Geschichte erzählen, die davon handeln soll, wie Sie von einem Klein- oder Kindergartenkind, von einem Mädchen oder einem Jungen auf einer bestimmten Schulstufe, von einem/einer Jugendlichen oder von einem/einer jungen Erwachsenen (oder auch von einer Gruppe junger Menschen) durch Fragen, Forderungen, Handeln oder Verhalten auf unerwartete Weise herausgefordert und in Anspruch genommen wurden und solchermaßen Ihr pädagogisch-praktisches Wollen und Können auf den Prüfstand kam.

Schön wäre, wenn Sie eine Geschichte liefern wollten, die verständlich macht, dass und wie Kinder, Jugendliche und junge Erwachsene ihre Erzieher/innen, Lehrer/innen und Ausbilder/innen in Schwung halten, sie folglich nicht weniger erziehen und bilden als umgekehrt.

Ob sich meine Erwartung erfüllt, wird sich zeigen: Ich vermute, dass die erbetenen Geschichten wichtige, vielfältige Vorstellungen davon vermitteln, dass Erziehungs- und Bildungsprozesse für alle Beteiligten fruchtbarer verlaufen, wenn Fachleute am Werk sind, die (unter Mühen) gelernt haben, „Freude aus Verunsicherung (zu) ziehen" (Christa Wolf).

Außerdem gehe ich davon aus, dass gerade aus sonderpädagogischen Arbeitsfeldern, in denen Vieles prägnanter zu Tage tritt als anderswo, besonders Eindrückliches zum Thema „Inanspruchnahme" zu berichten ist. <

Diese Sätze stammen aus einem Brief, den ich im September 2002 an Kolleginnen und Kollegen, an Freunde, an Schülerinnen und Schüler von *Hermann Wenzel* geschrieben habe, damit ein *Abschiedsgeschenk* für ihn zustande kommt: Mit Ablauf des Wintersemesters 2002/03 beendet er seine Tätigkeit als Professor für Allgemeine Pädagogik und für Rehabilitationspädagogik an der hiesigen Fakultät. Er war deren Dekan und zuvor lange Jahre der letzte Rektor der Pädagogischen Hochschule Reutlingen, die er 1987 auflösen musste.

„Da Sie sich ihm persönlich und beruflich verbunden fühlen, wissen Sie, dass wir ihm mit einer solchen Sammlung von Geschichten eine besondere Freude machen können.

Das kleine Buch ist nicht nur für die Fachleute gedacht; es soll möglichst viele Leserinnen und Leser erreichen."

In acht Wochen kamen achtundzwanzig Beiträge zusammen: ausnahmslos eindrückliche Beispiele dafür, was zum Vorschein und in Schwung kommen kann und was pädagogisches Sehen und Denken neu anzuregen vermag, wenn sich Lehrerinnen und Erzieher in Kindergärten, Schulen, Jugendhilfeeinrichtungen und Hochschulen, aber auch Mentoren junger Menschen auf die teils offen geäußerten, teils nur zu erahnenden Bedürfnisse und Ansprüche, Angebote und Forderungen von Kindern, Jugendlichen und jungen Erwachsenen wirklich einlassen. So bietet diese Sammlung von Erzählungen auch einen reichen Fundus an Material für Fragestellungen, die einer Erziehungswissenschaft aufgegeben sind, die praktisch wirksam werden will.

Reutlingen, im November 2002
Gotthilf Gerhard Hiller

Werner Bleher

E-Mail-Kontakt

Von: S. Außenstelle der R.-L.-Schule
Gesendet: Dienstag, 23. April 2002 09:39
An: bleher_werner@ph-ludwigsburg.de
Betreff: Beratung für eine Werkstatteinrichtung

Sehr geehrter Herr Bleher,
wir befassen uns gerade mit dem Thema Werkstatteinrichtung. Wir möchten Sie gerne zu uns einladen, weil wir im Moment Projektprüfung haben und einen Profi in Sachen Werkstatt befragen möchten. Wir wollen unten bei uns im Keller eine neue Werkstatt einrichten und bräuchten etwas Hilfe und einige Tipps zur Sicherheit. Herr P. ist heute an der Fakultät und steckt Ihnen unsere Projektbeschreibung ins Fach – da können Sie sehen, was wir vorhaben. Wie Sie sehen haben wir jetzt eine e-mail Adresse. Da können Sie uns Ihre Antwort mailen.

Mit freundlichen Grüßen
Mirko, Nino

Nino und Mirko sind Schüler an der Außenstelle einer Schule für Erziehungshilfe[1]. Ich hatte die beiden vor einem Jahr im Rahmen eines gemeinsamen Projekts kennen gelernt. Damals ging es um die Produktion von Bilderrahmen für großformatige Bilder, die von den Schülern unter Anleitung eines renommierten Künstlers in Öl gemalt worden waren und vielfältige Beachtung fanden.

Heute nun soll also ein Fachraum (Werkstatt) eingerichtet werden. Die E-Mail ist nicht einfach nur eine unverbindliche Anfrage im Sinne „Hätten Sie mal Zeit für uns?", denn schon am darauffolgenden Tag liegt – wie angekündigt – eine kleine Mappe in meinem Postfach. Der „fahrende Bote",

---

[1] An der Außenstelle werden insgesamt sechs, zum Teil mehrfach straffällig gewordene Jungen im Alter von 14 bis 17 Jahren von einem Lehrerteam (Frau M. und Herr P.) sowie einem Sozialpädagogen (Herr K.) beschult.

Herr P., hat sie pflichtbewusst abgeliefert. Sie enthält eine Projektbeschreibung aus der hervorgeht, dass der „Toberaum"[2] im Keller des Reihenhauses[3] zu einem Werkraum umgebaut werden soll. Diese Aufgabe hatten sich die Jungs selbst gestellt, um damit einerseits – im Rahmen einer Hauptschulabschlussprüfung (Projektprüfung) – ihre erworbenen Fähigkeiten, Fertigkeiten und Kenntnisse zu beweisen, andererseits einen Beitrag zur Weiterentwicklung „ihrer" Schule zu leisten. Vielfältige Ideen zur Raumaufteilung, zu Einrichtungsgegenständen, zur Elektroinstallation wurden zusammengetragen, ein Lageplan im Maßstab 1:50 erstellt, eine Kostenschätzung vorgenommen und Überlegungen zur Finanzierung angestellt.

Von Neugier gepackt und einen Stapel Ausstattungs- und Einrichtungskataloge unter dem Arm, besuche ich die Jungs in ihrer Schule. Gespannt warten sie am Eingang des „Schulgebäudes". Wird der angebliche Experte wohl ihre mühsam erstellte Planung wieder über den Haufen werfen, und alles war umsonst? Nein, dies habe ich nun wirklich nicht vor. Vor Ort erläutern Nino und Mirko ihre Pläne. Im Gespräch kommen alle Überlegungen auf den Tisch, die sie im Vorfeld angestellt hatten. Schwierig wird es bei der Frage nach der Installation eines Waschbeckens. Einerseits wollen sie darauf nicht verzichten, andererseits bedeutet dies die Abänderung der Planung und die Kontaktaufnahme mit einem Fachbetrieb, der die Installation durchführen müsste. Schweren Herzens ändern wir die Pläne ab. Im weiteren Gespräch werden eine ganze Reihe von Vorschlägen zur Modifikation der Ausgangsplanung erörtert. Auch ein Elektriker soll hinzugezogen werden, um die erforderlichen Versorgungsleitungen zu installieren. Da die Gedanken meist schneller formuliert als notiert bzw. skizziert sind und ich bemerke, wie durch die Fülle der anstehenden Arbeiten langsam das Interesse schwindet, biete ich mich an, stichwortartig die Veränderungen mit zu notieren. Die solchermaßen entwickelte und erstellte Liste dient als Grundlage für den weiteren Planungs- und Umsetzungsprozess.

Ein schier unüberwindbares Problem stellt für die Schüler der finanzielle Rahmen dar. Logisch, wer kann schon mit 278,89 Euro eine Werkstatt einrichten? Doch Herr P. hat eine Idee: „Wie wäre es, wenn wir versuchen, diverse Möbelhäuser um eine kleine Möbelspende (zum Beispiel Regale) zu bitten?" Spontan machen die Jungs den Vorschlag, entsprechende Serienbriefe zu verfassen. Herr P. strahlt, denn auf diese Weise kann er die Arbeit am Personalcomputer, pädagogisch ausgedrückt „mit intrinsisch motivierten Schülern situations- und problemorientiert", zum Unterrichtsgegenstand erheben. Mein Angebot, einen alten Schreibtisch zur Verfügung zu stellen

---

[2] Toberaum = Raum mit Schlafgelegenheiten, in dem sich die Schüler austoben aber auch ausruhen können, ohne dabei andere zu stören. Erstaunlich ist, dass gerade dieser Raum, der in der Vergangenheit für viele der Jungs sehr bedeutsam war, nun umfunktioniert werden sollte.

[3] Das Reihenhaus-Endhaus mit Gartenanteil gehört der Stammschule und wurde gemeinsam mit den Lehrern und Schülern renoviert und eingerichtet. Es bildet den gemeinsamen Lebensraum am Vormittag und liegt mitten in einem Wohngebiet mit unmittelbarer Nähe zu einer Förderschule, einer Hauptschule und einem Berufsschulzentrum.

und als Träger für die Arbeitsplatte einzusetzen, wird dankend angenommen. Doch wie kommt das alte Möbel an die Schule? „Das werden wir schon regeln", erklären die drei …

Zwei Wochen später klingelt das Telefon: „Herr Bleher, wir würden übermorgen mit einem Kleinbus bei Ihnen vorbeikommen und den alten Schreibtisch abholen. Ist Ihnen das recht?" Natürlich ist es das. Inzwischen habe ich mir allerdings das alte Möbel genauer angesehen und festgestellt, dass die Rückwand defekt ist. Umgehend schicke ich eine E-Mail an die Schule. „Macht nichts, wir kommen trotzdem", lautet die Antwort. Pünktlich stehen Nino und Mirko samt Herrn P. im Hof. Beim Anblick des Schreibtischs werden die Gesichter länger und länger. „Na ja, wenn ihr ihn nicht haben möchtet, ist das auch kein Problem. Ich werde ihn dann eben entsorgen", meine ich. Doch da scheint die „Jetzt-erst-recht"-Strategie zu greifen. „Wenn Sie uns noch ein paar Tipps zum Austausch der Rückwand geben, dann kriegen wir das schon hin", lautet die Antwort. Also wird das alte Ding in den Kleintransporter verfrachtet, und los geht's zur Schule.

Na ja, denke ich bei mir. Praktisches Lernen[4], problemorientierter, handlungsorientierter Unterricht, entdeckendes Lernen, das ist ja soweit in Ordnung. Aber ist das Problem nicht zu groß und die Entdeckung zu unangenehm? Nur noch zwei Wochen Zeit bis zum Ende der Prüfungszeit …

Pünktlich zum Abschluss des Prüfungszeitraums melden sich Nino und Mirko – wie es sich in der Postmoderne wohl so gehört – via E-Mail und bitten um meine Teilnahme an der Abnahme „ihrer" Prüfung. Also fahre ich nach T.. Herr P., Frau M. und der Schulleiter bilden die Prüfungskommission. Aufgeregt hüpfen die übrigen Schüler von einem Bein aufs andere und meinen: „Sie werden staunen, was Nino und Mirko hingekriegt haben." Umgehend begeben wir uns in den Raum, in welchem die beiden zwei Wochen lang skizziert, gezeichnet, gemalert, gesägt, berechnet, geschraubt, gebohrt, geschliffen und montiert haben. Stolz erläutern sie ihre Umbaumaßnahmen vor Ort sowie anhand einer „Powerpoint-Präsentation"[5]. Der alte Schreibtisch ist kaum wiederzuerkennen. Er dient nun der Werkzeugaufbewahrung sowie als Unterkonstruktion für eine großflächige Arbeitsplatte. Gespendete Regale bieten Platz für die Lagerung von Materialien aller Art. Selbst an großformatige Pinnwände ist gedacht, denn schließlich sollen die Mitschüler auch die Baupläne für ihre Flugmodelle aufhängen und unter fachkundiger Anleitung von Herrn K. bauen können.

Zeitweise hatten Nino und Mirko sich in den Raum eingeschlossen, um ungestört arbeiten zu können. Doch auch die Unterstützung ihrer Mitschüler war ihnen gewiss. Denn: Wie bekommt man eine Küchenarbeitsplatte von drei Metern Länge in den Keller eines Reihenhauses?

---

[4] Praktisches Lernen im Sinne von Lernen für die Lebenspraxis.
[5] Sie hatten sich innerhalb von zwei Tagen (!!) in das Programm eingearbeitet und auf der Basis der Bilddokumentation eine Powerpoint-Präsentation erstellt.

Ganz einfach: Nicht verzagen, Marco (den Bär) befragen. Besonders bedeutsam ist eine solch gegenseitige Unterstützung wenn man bedenkt, wie selbstbezogen Jugendliche sonst sein können. In der kurzen Zeit ihres Zusammenlebens an dieser besonderen „Lebensschule" ist durch sonderpädagogische und sozialpädagogische Arbeit schon viel im zwischenmenschlichen Bereich passiert.

Das Konzept von Herrn P. und Frau M. ging in diesem Fall auf. Sie wollen „ihre" Schule in ein (pädagogisches) Netzwerk einbinden, um so ihre „Schüler mit abweichendem Verhalten" mit einer Reihe von Ansprechpartnern und Experten gezielt zusammen zu bringen, die im Bedarfsfall „in Anspruch genommen" werden können. Bleibt zu hoffen, dass für Nino und Mirko – aber auch für die anderen Jugendlichen – dieses Netzwerk noch lange erhalten bleibt und weiter ausgebaut wird, vor allem aber, dass sie es auch künftig „in Anspruch nehmen".

Elisabeth Braun

Hasan und sein Student als „Eber" in der Wolfsschlucht

Jede theaterpädagogische Aktion, in der Kinder und Jugendliche gemeinsam mit Erwachsenen zu Gange sind, führt zu ganz unmittelbaren Formen wechselseitiger Inanspruchnahme. Mit Leib und Seele, mit der ganzen Person müssen alle dabei sein, wenn „action" entstehen soll. Wie weit das gehen kann, steht auf einem anderen Blatt. Wie ist es, wenn Erwachsene in den Sog von Schülerfantasien geraten und dabei weit über sich hinaus wachsen?

Es ist März. Für vier Tage fahren zwanzig Personen zu einem Schullandheimaufenthalt in ein Selbstversorgerhaus: Vierzehn Schülerinnen und Schüler, vier Studierende, die Klassen- und Ausbildungslehrerin und ich als Dozentin. Das Rahmenthema „Natur und Kunst" wird mit den 12- bis 14-jährigen in ökopolitisch-ästhetischer Perspektive angegangen. Konkrete Aufgaben im Freien führen zu einer Vielfalt von Beschäftigungen: Es entstehen Instrumente aus Naturmaterial und Gerätschaften, mit denen sich Naturgeräusche imitieren lassen. Informationen zum Landschaftsschutz werden aus den Pflanzenstandorten abgeleitet. Kunstobjekte im Sinne der Land-Art werden gebaut. Die Verschränkung von Natur und künstlich-künstlerischem Handeln wird immer wieder diskutiert. Eine Meditation und die Erfahrung einer Nightline, der einsame Gang durch den nächtlichen Wald einem gespannten Seil entlang, komplettieren das Angebot.

Schließlich geht es um einen angemessenen Abschluss der erlebnisreichen Tage. Gebündelt, verdichtet soll noch einmal zum Vorschein kommen, was an Erfahrungen, an Wissen und Können erworben wurde. Ob dafür der Ausschnitt aus einem Stück Musiktheater taugt, inszeniert und im Freien aufgeführt von allen Beteiligten?

Der zweite Aufzug aus Webers „Freischütz", die Wolfsschluchtszene mit ihren romantisch-übertreibenden Regieanweisungen, eignet sich sehr gut, um mit lautmalender Programmmusik der Vorstellung von nichtbeherrschbaren Naturkräften, aber auch der Gestaltung von Themen wie Angst, Überheblichkeit, Konkurrenz und Schuld mit Mitteln der Oper nachzuspüren.

Im Play-back-Verfahren soll deshalb zu eingespielter Originalmusik abends oder zu nächtlicher Stunde im Freien am Rande des Grundstücks in unmittelbarer Nähe zu einer Senke und zu einem Bach diese Geschichte inszeniert und aufgeführt werden. Mit einem wilden Lagermahl soll alles enden.

Schon beim ersten Proben gab es eine ganze Reihe außerordentlicher Momente, zum Beispiel als eine Schülerin völlig eingewickelt in ein gelbes und ein rotes Leintuch als Feuerrad die Böschung herunterfuhr oder als ein Schüler in Gestalt des Samiel, gekleidet in eine echte Mönchskutte, aus dem Gebüsch an der richtigen Stelle in Erscheinung trat. Nur das „wilde Heer" und der „wilde Eber" machten uns Sorgen. Kurz bevor es ins Lächerliche zu kippen drohte, hatte sich dieses Detail als nicht machbar erwiesen: Die Gruppe war zahlenmäßig zu klein, die tragenden Rollen der Jäger waren vergeben, die Studierenden bis auf einen „Assistenten" bereits zugeteilt. Lediglich einer war übrig geblieben: Hasan, ein kleiner, stämmiger Schüler. Er hatte sich, vermutlich in Unkenntnis des Begriffs, den wilden Eber als seine Rolle ausgesucht. Schemenhaft sollte dieser im Hintergrund über das ganze Grundstück rasen, im Original wird so das Gespenstische der Erscheinung eindrücklich gesteigert.

Hasan hatte sich alle fellartigen Kleidungsstücke zusammengesucht, deren er habhaft werden konnte. In barschem Ton wies er an, dass man ihn damit umwickeln und auf die Schultern des „noch freien" Studenten setzen solle. Zwei raffinierte Astgabeln steckte er sich als das von ihm fantasierte Geweih des Tieres an den Kopf und heizte Stimmung und Tempo durch lautes Brüllen und Keuchen an.

Die Aufführung wurde zum grandiosen Erfolg, trotz – oder wegen? – ihrer absurden Unstimmigkeiten: Es war taghellerer Nachmittag, denn abends lagen die Temperaturen noch unter dem Gefrierpunkt und die Kostümierungen boten keinen Kälteschutz. Die Musik aus den Lautsprechern wurde durch spontanes Mitsingen völlig verfremdet, das Feuerrad schlug zu hart auf und musste gerettet werden, Samiel und weitere Geister waren trotz imponierender Naturkulisse eben nur „verkleidete Schüler". Allein der riesige „Eber", der in nimmermüdem Galopp mehrfach im Hintergrund aber auch mitten durch die Jäger trabte, hatte etwas Opernhaftes.

Warum blieb diese Szene so haften? Warum spricht Hasan heute, zwei Jahre später, wenn er mich trifft, noch immer von diesem Erlebnis? Zwei kurze Erklärungen habe ich mir zusammengereimt. Es war die Ungeheuerlichkeit, die für ihn in dieser Szene steckte: Erstens entdeckte er erst hinterher, dass er ein Schwein, ein von ihm als überzeugtem Muslim äußerst verachtetes Tier, gespielt hatte; zweitens war es die Inanspruchnahme des Studenten. Hasan hatte – besessen von seiner Spielidee – die Initiative ergriffen und sich den größten verfügbaren Mann zur Verwirklichung seiner Rolle dienstbar gemacht und so die Szene zum Erfolg geführt. Auch der Student hat seine Assistentenrolle als außergewöhnlich erlebt. So skurill die äußeren Umstände auch waren, das Eintauchen und das völlige Eingesponnensein in das szenische Spiel ließen auch ihn Dinge tun, die einfach „märchenhaft" waren.

Es ist eine heitere, weit tragende Form wechselseitiger Inanspruchnahme, die in solchem Spiel gelingen kann.

Christoph Ertle

„Du kannst mein Haus anmalen."
Anfänger und Anfänge – oder: Vom Recht, unwissend zu sein

Man müsse sich auf seine Schulkinder „einstellen", den Unterricht von Minute zu Minute planen, für eventuelle Eventualitäten gewappnet sein, die „passenden Medien" bereit halten, „erzieherische Maßnahmen ergreifen", wenn ein Kind „aus der Reihe tanzt"... So abgedroschen dies alles sein mag und langweilig bis wirkungslos außerdem – ein Hauch von Realität durchzieht dies dennoch. Und dann kommt noch der „besondere Erziehungsbedarf" bei schwierigen Kindern hinzu, von dem immer wieder die Rede ist. Sonderpädagogik als Ergebnis einer Addition? Wenn es offenbar besonderen Bedarf gibt, was ist dann, konsequent, „normaler" Erziehungsbedarf?

Ich mag diese Unterscheidungen nicht mehr hören, weil sie so konkretistisch sind und beladen mit falschen Vorstellungen. Besonderen Erziehungsbedarfs braucht's angeblich bei Kindern in der Sonderschule, vor allem in der Schule für Erziehungshilfe. Und wie soll der beschaffen sein? Mehr Muskelkraft im Sinne von Gewichtheberqualitäten? Mehr Bizeps? Mehr Stimmvolumen? Mehr Vergeben und Vergessen? Mehr sonderpädagogische Haltung? Mehr Betulichkeit nach dem Motto: „Ich verstehe, dass ihr heute nicht gut drauf seid, es ist ja Montag, und gestern war Reisesonntag?"

Die Köpfe der Pädagogen sind prall voll Wissen, sie bersten; die Informationen kommen und gehen wie im Taubenschlag. Da hat doch irgendjemand im Verlauf irgendeiner Fortbildung an irgendeiner der Staatlichen Akademien, vielleicht in Calw, vielleicht auf der Comburg, oder war's nicht eher in Donaueschingen, ist ja auch egal, – auf jeden Fall: einer hat einmal davon geredet, die Tage nach Begegnungen mit den Eltern seien für Heimkinder aufwühlend und hinterließen ihre Spuren auf längere Zeit.

Vielleicht ist das ja gar nicht so falsch, nur bleibt unklar, von welcher Art die Begegnungen mit den Eltern waren. Hinterließen sie vielleicht traurige Erinnerungen, weil sich mit dem Riesengeschenk, einem 90 cm großen Osterhasen aus weißer Schokolade, der auch noch ein bayerisches Dirndl trug, keine Freude einstellen wollte, – der Hase sollte wohl als Trostpflaster gelten, weil die Mutter und deren Freund zur Osterzeit die Malediven heimsuchen wollten, – der Freund der Mutter sprach in schlüpfrigen Andeutungen von „Malediva" oder so. Oder hinterließ die Begegnung eher Wut, die dann rasch weggedrückt werden musste? Vielleicht doch eher Wehmut, weil der Preis für das Sich-drein-Fügen doch verdammt hoch ist? Oder am Ende doch auch Zufriedenheit, weil damit das Versteckspiel wenigstens für ein paar Wochen wegfiel? Also was gilt davon? Als Pädagoge weiß man dies und zwar eindeutig. Und so wirft man eben eine entsprechende Andeutung in die Klasse – siehe oben, die letztlich ahnungslos, angelernt ist, aber insgesamt einfach richtig weise klingt. Ambivalenz, so scheint es, gibt es nicht, und auch gemischte Gefühle liegen eher am Rande. Alles klar.

Vielleicht hängt's ja mit dem zunehmenden Alter zusammen, dass ich immer weniger wissen will, aus welchem Viertel der Stadt die Kinder kommen, wie der „Stand der Klasse" ist und was die einzelnen Kinder „können". Meist wissen sie mehr, als man sehen kann, meist auch anderes, oft ist man nur noch mit Staunen beschäftigt, was sie können, manches Mal auch rätselt man an ihrer Wissensverweigerung herum. Und der Unterricht, was geschieht damit – gibt's den überhaupt noch? Durchaus: ernsthaft betrieben, Lebenssinn stiftend und auch als Erlösung aus häuslichem Elend.

Ich will erzählen, was für mich zum Ende meiner Lebensarbeitszeit den Unterricht wertvoll macht, was meine Phantasie anregt, warum ich mir zeitweise ratlos vorkomme und zugleich voller Elan bin, was mich mitunter jämmerlich und hoffnungslos sein lässt und was mich oft nicht mehr wahrnehmen lässt, dass ich auf einem Stühlchen der Unterstufe hocke und mich in einzelnen Momenten wie ein Erst- oder Zweitklässler fühle.

Da ist Billy, acht Jahre alt. Wie ein Tennisball springt er dauernd in der Klasse umher, ist kaum zu bändigen, und seine Stammschule atmete auf, als er in die Obhut der August-Aichhorn-Schule umgeschult wurde. Mit seiner schrillen Stimme überschrie er immer wieder alle anderen Mitschüler. Er konnte herzzerreißend weinen, wenn er getreten worden war, und der Lehrer musste Löwenbändiger sein, um ihn seinerseits vor Nachtreten und den Folgen der Eskalation zu schützen.

Ein Anknüpfungspunkt ergab sich, als er mir eines Morgens bei Unterrichtsbeginn eine Zeichnung der Stuttgarter Stadtbahn vor die Nase hielt, damit fahre er täglich zur Schule, und schnell seien die „Maschinen" und – soo schön gelb! Es mobilisierte bald meine Schwäche für Straßenbahnen, die von damals, wo man noch Trittbrett fahren konnte, von Sillenbuch zur Geroksruhe, mit Schaffnern, die das Regiment im Wagen hatten, Fahrscheine verkauften, mit ihren Geldwechslern vor dem Bauch so richtig imponierten und weil sie Geld einnahmen. Ich begann meine Erinnerungen allmählich zuzulassen, fragte Billy, ob ich erzählen solle, wie es damals gewesen sei – na ja, er hörte kurz zu, drosch dann aber wieder mit Worten auf mich los und wollte eigentlich gar nichts von mir wissen. Vielleicht etwas anderes als meine Erinnerungen, – die sollte ich für mich kultivieren. Dann schauten wir uns länger an, ich löste mich von meiner Straßenbahn von damals und meinte: „So hat eben jeder seine eigene Bahn, du heute, ich damals." Er stutzte, schob mir Papier und Bleistift hin und hieß mich einen Dreiwagenzug zeichnen und anmalen, schön gelb. Er wusste recht gut Bescheid über Stromabnehmer, Lüfter, Bremszylinder usw. Die Bahn sollte wirklich vollständig sein.

Und in die Stunde am darauffolgenden Mittwoch brachte ich ein Heft mit, das S-Bahnzüge und Stadtbahnzüge enthielt. Er begann zu betrachten und blätterte in der ihm eigenen Art ständig von vorn nach hinten und umgekehrt. „So kann ich nichts sehen und du auch nicht", meinte ich, weil mir das Gezappel auf die Nerven ging. Immerhin, es kehrte wenigstens etwas mehr Ruhe ein, so dass man halbwegs von Betrachten reden konnte. Ich war am Ende erschöpft und sagte ihm, ich würde gerne mit ihm weitere Bücher und Hefte ansehen, aber so mache es mir keinen Spaß. Er antwortete nicht direkt, sondern machte ein Angebot: Er werde mir seinen größten Buchschatz mitbringen, eine Sammlung von Lokomotiven aus allen Ländern. Offenbar konnte er die Welt in seinen Schulranzen packen, geballte Kraft, und ich staunte, was er alles wusste. Er saß mir gegenüber, während ich sein Buch betrachtete, und wusste fast immer, an welcher Seite ich angekommen war. Er brauchte nur ein Fitzelchen der Seite zu erspähen – schon wusste er Bescheid. Er hatte vergessen, dass er eigentlich gar nicht gut lesen konnte – und schnell versteckte er dies wieder. Aber er hatte mir ein kleines Fenster in seine Seele geöffnet, doch so, dass ich es nicht für nötig hielt, ihn über sein verborgenes Können aufzuklären, – er wusste es wohl selbst, und dagegen wehrte er sich noch.

Die nächste Situation machte mir auf diesem Hintergrund Sinn: Er sollte Rechenpäckchen rechnen, und der Klassenlehrer stellte mich ihm als Helfer an die Seite. Nun bekam ich einen anderen Billy zu Gesicht: Er lag halb auf dem Tisch, wirkte fast, als sei er gelähmt, mit trauriger Stimme, die jetzt sich nicht mehr ständig überschlug, sondern heiser, belegt war: „Ich kann heute nicht rechnen, nein wirklich nicht." Merkwürdig, ich glaubte es ihm, ja, er konnte nicht, unmöglich. Deshalb schlug ich vor, dass ich für ihn rechne!

Im nachmittäglichen Seminar an der Hochschule kam ich bis zu dieser Stelle, als mir ein altgedienter Lehrerstudent vorwarf, das nenne er „Faulheit unterstützen" – „der kann, wenn er nur will". Ich stimmte ihm zu, aber wie sollte er können, wenn er nicht wollte? Es gab reichlich Vorschläge: Ein Zuckerle könnte lösend wirken, nein, lieber Ermutigung, ihn bestärken, oder ganz altbewährt: ihm gut zureden. Ich nahm die Vorschläge in die nächste Schulpraxisstunde mit, ohne Erfolg. Vermutlich, weil ich selbst nicht daran glaubte. Ich wollte schon aufgeben, weil mir nichts einfiel, und eben so lange für ihn die Aufgaben machen, bis mir die Lust vergangen wäre – da hatte ich die Idee, die Rätselraterei ihm gegenüber zu benennen.

Und, weiß der Himmel, wie es ging, ich kam um einen Vorwurf herum und äußerte mich anerkennend über die Schwierigkeit des Rätsels, das er mir mit seiner Blockade anbot: „Also, das ist ein Ding, dein Rätsel, weshalb du nicht rechnen kannst – aber du möchtest ja, dass ich es rauskriege."

Nach einiger Zeit – meine Intervention schien förmlich durch ihn durchzusickern und sich in ihm auszubreiten – fragte er mich unvermittelt, ob ich denn überhaupt wisse, weshalb er in der August-Aichhorn-Schule sei. Er habe mehrere Geschwister, auch eine Schwester, und das sei sein Zwilling. Die sei gut in der Schule, fahre mit dem Rad zur Schule, gehe demnächst ins Gymnasium – nur er sei in der Sonderschule.

Ich sah keinen Sinn darin, nun in seine Familiengeschichte einzudringen – die Übersiedlung aus Osteuropa, die schwierige Konstellation der Familie mit ihren blonden und schwarzhaarigen Kindern, mit ihrer Mischung von Charme und penetranter Suche nach körperlicher Nähe –, ich suchte nach einer gemeinsamen Aufgabe und deren Lösung: Billy sollte einen Text abschreiben, und ich wollte mitmachen. Nein, den mache er jetzt allein, und: „Du kannst mein Haus anmalen." Er redete mich immer mit Du und meinem Nachnamen an. Er schrieb also, etwas krakelig, kein Wunder, bei dieser Schreibhaltung. Und einmal erwischte ich ihn gerade noch, als er um ein Haar zwischen Stuhl und Tisch zu Boden sauste. Ich malte also Dächer an, rote, grüne, blaue. Er schaute immer wieder zu mir herüber, und ich erlebte zunehmend eine tiefe Ruhe in mir, die ich auch bei ihm wahrzunehmen glaubte. Ob er sie zu mir schob oder umgekehrt, ich weiß es nicht. Jedenfalls gab es an diesem und an den folgenden Praktikumstagen zwar immer wieder chaotische Situationen in den Pausen, die sich immer wieder kürzer oder länger in die Unterrichtsstunden hineinwälzten, aber die Phasen relativ ruhiger Arbeit wurden allmählich ausgedehnter, erfüllter.

In dem berühmten Spielfilm „Pestalozzis Berg" wird der Zuschauer nach Stans geführt und dort Zeuge, wie die Kinder das Elementarste des Elementaren Herrn Minister Zschokke vorführen – Abdrücke ihrer Hände an der Wandtafel. Auf Pestalozzis fragenden Blick bekommt er zu hören: „Schön, sehr schön, aber was haben die Kinder gelernt?" Man ist geneigt, in unserem Fall entsprechend zu fragen: „Und was hat Billy gelernt?" Ich weiß es nicht, und da geht es mir nicht anders als dem Meister von Stans, Burgdorf und Yverdon. Weshalb auch? Sind wir weiter, als er damals? Wohl kaum, wir tun nur so. Doch es gibt auch den ganz anderen Pestalozzi, der es nicht durchgehen lässt, wenn die Kinder sich dauernd unter ihren Möglichkeiten ansiedeln. Auch da vermag dieser Film Eindrückliches zu vermitteln. Wenn wir nur abwarten, nur „geduldig" sind, angesichts der armen, behinderten, schwierigen Kinder, beschwindeln wir uns selbst, und die Kinder bekommen es mit der Angst zu tun. Und andererseits: Wenn wir pochen und auf den Tisch klopfen, die Stimme fordernd wird und penetrant lehrerhaft, zerstören wir nicht nur Chancen für das Kind, sondern nehmen uns selbst die Möglichkeit, aus den eigenen kindlichen Erinnerungen neue Kraft zu schöpfen, Forscher zu werden. Und dies heißt, auf Suche zu gehen. Davon liest man in pädagogischen Büchern fast nichts, weil Forschen für die Pädagogen mit Praxisferne und mit akademischer Spitzfindigkeit zu tun hat – es ist alles so hoffnungslos gescheit oder trivial, aber ziemlich sicher an den Kindern vorbei oder über sie drüber. Es gibt Ausnahmen. In einer dichten, im Herbst 2002 wieder einmal hochaktuellen Darstellung zentraler pädagogischer Arbeitsfelder hat Andreas Flitner auch die Friedenserziehung skizziert (Flitner, Reform der Erziehung. München 1999, S. 183 ff.). Angst und Destruktivität als Ursachen der Friedlosigkeit im pädagogischen Alltag gilt es zu überwinden.

Ist es vermessen, Handeln und Nachdenklichkeit, Zaudern und Zupacken in der Arbeit mit Billy als Probe aufs Exempel zu begreifen, als den Versuch ein zentrales Thema der Erziehungswissenschaft in einer kleinen Schule am Rande der aufgeräumten Gesellschaft zu bearbeiten, Friedenserziehung vor Ort?

Bei Sigmund Freud ist vom Junktim zwischen Forschen und Heilen die Rede. Man lese die berühmte Arbeit „Nachwort zur Frage der Laienanalyse" und prüfe, ob dies nicht auch für Forschen und Lernen gelten könnte. Freud (GW Bd. 14, S. 293) schreibt davon, es gehe darum, den Patienten aus seinem eigenen Inneren zu „bereichern". Sollte dies für unsere Aufgabe den Schülern gegenüber etwa nicht gelten? Und wie ist es mit uns bestellt – können wir uns vorstellen, von den Kindern „bereichert" zu werden? Ein eigentümlicher Reichtum ist es allerdings: ein geliehenes Buch, ein wackelig geschriebener Text, eine Kinderzeichnung, gar eine Story über ein Geschwister, das auf der Sonnenseite des Lebens steht. Freud meint vermutlich den Prozess, in den wir mit dem Kind zusammen eintreten, den Reichtum gemeinsam betrachten und vielleicht sogar einzelne Schritte würdigen. Keine Zeit dazu? Die Ergebnisse sind dürftig? Mag sein, aber soll man bereits den Anfang scheuen? Vielleicht geht es ja wirklich nur um Anfänge, immer wieder neu – das andere ergibt sich von selbst.

Norbert Feinäugle

Pädagogische Fiktionen

Nachmittagsunterricht in einem zweiten Schuljahr, Deutsch, Arbeitsbereich Sprechen.
Die munteren Zweitklässler haben auf dem Teppichboden des geräumigen Klassenzimmers einen Sitzkreis gebildet. Die Studentin setzt sich in die Mitte und stellt demonstrativ einen Telefonapparat vor sich hin, an dem mancher Antiquitätenliebhaber seine Freude gehabt hätte. (Pluspunkt für diesen motivationsfördernden Einfall, denke ich mir.) Nachdem die Schüler ihre erste Neugier befriedigt haben, beginnt die Studentin mit einem Impuls: „Ich habe hier ein Telefon und möchte telefonieren. Aber ich weiß nicht, wie das geht."
„Doch, das weißt du!" platzt da ein fürwitziger Schüler heraus.

Schlagartig wurde mir bewusst, wie häufig im Unterricht mit solchen Fiktionen gearbeitet wird und wie unnötig, ja kontraproduktiv sie sind. Nachdenklich machte mich aber auch der Umstand, dass diese Schüleräußerung mich so überrascht hat. Offenbar sind die Schüler höherer Klassen schon so sehr daran gewöhnt, nicht alles wörtlich zu nehmen, was Lehrende sagen, dass sie solche Äußerungen nicht mehr für kommentierenswert halten oder gar nicht mehr wahrnehmen. Die Kenntnis der „Spielregeln" gewährleistet dann, dass der Unterricht reibungslos läuft, dass „die Stunde klappt".

Vielleicht hat sich ja etwas geändert, seit man weniger von der „Kunst des Unterrichtens" spricht und mehr auf Lehr- und Lernprozesse achtet.

Rudolf Giest-Warsewa

Totalschaden

„Wo ist Anlage?"
Wassili stand vor dem BMW seines Bruders Sergej. „Wo ist Anlage?" sprach er immer wieder vor sich hin, als rede er zu sich selbst.
„Aus dem Schrotthaufen kannst du nichts mehr rausholen. Siehst ja selber, wie die Kiste aussieht."
Der Mann im ölverschmierten Overall war zwischen den anderen Autowracks hervor gekommen und hatte sich neben Wassili postiert. Diese Typen durfte man keinen Moment aus den Augen lassen. An manchen Tagen, da war er sicher, gingen mehr Teile über den Zaun seines Schrottplatzes als über den Tresen in seinem Bürocontainer. Komisch nur, dass einer von ihnen so früh am Morgen bei ihm auftauchte. „Wo ist Anlage?" fragte Wassili und deutete auf den Einbauschacht in der Mittelkonsole, aus dem nur noch die abgeschnittenen Kabel hingen.
„Welche Anlage? Siehst doch, dass da nichts drin ist. Und jetzt verschwinde, sonst ..."
Mitten im Satz traf ihn Wassilis Faust ins Gesicht. Der Mann taumelte gegen das Autowrack und ging in die Knie. Wassili war sofort über ihm und zog ihn zu sich hoch. Er hielt ihn am dreckigen Kragen seines Hemdes ganz dicht vor sich. „Ich frage nicht noch mal. Gestern haben wir sie eingebaut und heute ist sie weg. Also, was ist?"
„Okay, okay, kann sein, dass ich da was ausgebaut habe." Normalerweise wäre er einer Auseinandersetzung nicht aus dem Weg gegangen, aber dieser Kerl machte ihm Angst mit seiner Entschlossenheit und seiner unvermittelten Brutalität. Außerdem hatte man schon genug gehört von den Methoden dieser Leute. Und auch wenn er heute gewinnen würde, morgen hätte er die ganze Clique auf dem Hals.
„So, das mit der Anlage haben wir geklärt. Und jetzt noch der Geldbeutel."
„Welcher Geldbeutel?"
Wassili stieß ihn mit dem Knie in den Magen. Der Schrotthändler rang nach Luft.

„Ich schwör's dir," japste er, „von einem Geldbeutel weiß ich nichts."
„Im Auto war auch ein Geldbeutel und jetzt her damit."
Er presste ihn mit ganzer Kraft gegen den Wagen.
„Du weißt, ich mache keinen Spaß. Also rück' ihn raus."

Plötzlich fiel sie Wassili ein. Mit einer Hand hatte er den angeschlagenen Mann weiterhin fest im Griff. Schnell und geschmeidig beugte er sich durch das zerbrochene Fenster der Fahrertür in das Wageninnere und suchte tastend unter dem Fahrersitz. In einer kleinen Lache kriegte er sie zu fassen. Er richtete sich wieder auf und hielt dem Mann die Pistole an die Schläfe. Seine Hand war rot vom Blut seines Bruders.

Wassili war direkt von der Intensivstation des Krankenhauses gekommen.
Er und die Eltern hatten Sergej kurz durch die Glasscheibe des Kontrollraums sehen dürfen. Ein Körper in einem Gewirr von Kabeln und Schläuchen, die in ihn hinein- und aus ihm hinausführten und seinen Rest von Leben als gezackte Linien und Signaltöne auf die Monitore und Lautsprecher übertrugen.
„Man muss abwarten, können noch nichts sagen, wir hoffen alle …" Auf mehr konnten und wollten die Ärzte sich nicht einlassen. Nur die blutverschmierten Kleidungsstücke wurden ihnen ausgehändigt.

Sergej war am Tag zuvor achtzehn Jahre alt geworden.
Den BMW hatte er schon Wochen vorher mit über zwanzig Monatsgehältern seiner Maurerlehre gekauft, auch die Führerscheinprüfung war bereits bestanden.
Das Geburtstagsfest sollte erst am folgenden Wochenende gefeiert werden, denn der heutige Tag war einer weiteren Aufrüstung seines Autos vorbehalten. Wassili war es gerade noch rechtzeitig gelungen, das Pioneer-Autoradio für seinen Bruder zu organisieren. 4x50 Watt, CD-Wechsler, eine Menge Lautsprecher für den Einbau in die Heckablage. Kurz nach Mitternacht hatten sie es geschafft, die Sport-Auspuffanlage mit der russischen Musik aus dem Wageninneren zu übertönen. Auch nach acht Jahren in Deutschland hörten sie die immer noch am liebsten.
Sergej wollte gerade zur Einweihungstour starten. Er saß schon im Auto, als Wassili ihm das eigentliche Geschenk überreichte. In dem kleinen Karton lag eine geladene Walter P99, zwar nur als Gaspistole, aber immerhin. Jeder aus der Clique hatte eine und Sergej gehörte jetzt auch dazu.
„Pack sie gleich unter den Sitz. Muss ja nicht jeder sehen, was du spazieren fährst."
Die Bässe waren noch zu hören, als der BMW längst nicht mehr zu sehen war.
Gegen fünf Uhr früh hatte die Polizei angerufen. Man solle sofort ins Krankenhaus kommen.

Wassili entsicherte die Waffe.

Vor sich den Mann, der es gewagt hatte, seinen sterbenden Bruder zu beklauen. Im Kopf das Bild des reglosen, wie aufgebahrt daliegenden Sergej. Was würde ihm bei seiner Entscheidung die Richtung weisen? Die Angst vor Strafe? Noch mehr Stress mit der Polizei als er eh schon hatte? Mitleid mit seinem Opfer? Das ungeschriebene Gesetz, dass man als Mann keine Schwäche zeigen darf? Dass man nur mit Stärke weiterkommt? Die Exekutionen in den russischen Gewaltvideos? Die Diskussionen im Jugendclub über Männlichkeit und Ehre? Der Abend dort neulich, an dem er soviel erzählte von damals im Kaukasus? Über die Bergwanderungen und wie sie von den Brücken in die Flüsse gesprungen waren? Das Interesse mancher Menschen an ihm und seiner Geschichte? Seine Kindheit in einem Land, wo ein Menschenleben nicht viel zählt? Die wenigen Menschen, bei denen er Sympathie für sich spürte? Die Hilfe von ihnen, wenn er alleine nicht mehr weiterkam? Die Teilnahme an den Bandenkriegen der Jugendlichen in seiner früheren Heimatstadt? Das Anti-Gewalt-Training nach seiner letzten Verurteilung? Die streunenden Hunde auf der Datscha, denen sie mit ihren selbstgebauten Waffen die halben Köpfe weggeschossen hatten? Erziehungsversuche zu Ehrfurcht vor dem Leben? Das fünfte Gebot? Artikel 2 des Grundgesetzes? Sein Leben in einem Land, das ihm bis heute fremd geblieben war? Das seltene Gefühl gebraucht zu werden? Die Hoffnung, irgendwann einmal dazu zu gehören? Die Anfeindungen der Nachbarn? Die Arbeitskollegen, die langsam begannen, ihn zu akzeptieren? Das Lob des Chefs in der letzten Woche? Zum ersten Mal eine Perspektive in seinem Job? Die Frau, die er kürzlich kennen gelernt hatte? Die Anerkennung in der Clique ob seiner Härte? Die Lust an der Macht über andere? Seine Eltern, die den Kindern eine bessere Zukunft als im Kaukasus geben wollten – und es nicht konnten? Trotz allem die Sehnsucht nach einem normalen Leben?

Wassili sah die Angst in den Augen dieses Mannes mit der Pistole am Kopf. Sah das Blut des Bruders an seiner Hand und der Waffe. War es nicht schon genug oder war jetzt alles vollkommen egal?

Wassili hatte den Finger am Abzug.

Bernd Götz und Peter Jauch

Andys Leistung.
Wider die Genese der Dummheit

„Mein Lehrer ist wie ein Panzer
der gegen den Feind tobt
Der Feind sind wir
und das Toben ist der Unterricht
Er hält uns fest wie Gefangene
und quält uns jeden Tag
und er wird uns weiter quälen
Bis er uns den Verstand ausgetrieben hat"
(Searle zitiert nach Iben 1988, S. 130)

Was in diesem Gedicht eines englischen Arbeiterkindes anklingt, haben Adorno und Horkheimer in ihrem Fragment über die Genese der Dummheit eindrücklich mit dem Bild der Schnecke beschrieben, die in ihren tastend-versuchenden Entdeckungs- und Erkundungsbemühungen immer wieder blockiert und ohnmächtig zurückgeworfen wird, bis sie – durch die Verletzungen gelähmt – in ihrem Schneckenhaus verstummt und verdummt. „Dummheit ist ein Wundmal" (Horkheimer/Adorno 1997, S. 295). Sie zeigt sich in den Verhärtungen und Narben, die den erwachenden und anfangs so zarten Lebensäußerungen – der Neugier und Phantasie, des Eigensinns, der Provokation und Antidisziplin – zugefügt werden. „Solche Narben bilden Deformationen. Sie können Charaktere machen, hart und tüchtig, sie können dumm machen – im Sinn der Ausfallserscheinung, der Blindheit und Ohnmacht, wenn sie bloß stagnieren, im Sinn der Bosheit, des Trotzes und Fanatismus, wenn sie nach innen den Krebs erzeugen. Der gute Wille wird zum Bösen durch erlittene Gewalt. Und nicht nur die verbotene Frage, auch die verpönte Nachahmung, das verbotene Weinen, das verbotene waghalsige Spiel, können zu solchen Narben führen" (ebd., S. 296).

Können wir Andy in der Schule – von zu Hause aus schon mit vielen Narben gezeichnet – vor dieser Dummheit und Bosheit bewahren?

1. Ein schwieriger Fall

„Andy ist ein ganz schwieriger Fall", sagt seine Lehrerin. Sie stimmt mit diesem Satz kein Klagelied über einen unzumutbaren Schüler an. Im Gegenteil: Halten will sie ihn in ihrer 2a, einer Grundschulklasse, und organisiert sonderpädagogische Unterstützung.

Andy braucht Hilfe – kein Zweifel. Dem Lesen kann er nicht viel abgewinnen, seinen mühsam zu Papier gebrachten Buchstabenfolgen Worte oder Sätze zu entnehmen, verlangt einigen Spürsinn, und Zahlen sind ihm weithin Requisiten einer dunklen Welt des Rätselratens. Mit jedwedem diagnostischen Besteck lässt sich hier ein reichhaltiges Menü an Teilleistungsschwächen anrichten. Und der Benachteiligungs-Ressourcendefizit-Blues geht einem bei Andy rasch über die Lippen; ebenso wie die Rede vom individuellen Förderbedarf und der Notwendigkeit einer sorgfältigen Kind-Umfeld-Analyse.

Wenig ist – im Rahmen eines Wochentagspraktikums – über dieses Umfeld, über Andys Familie in Erfahrung zu bringen. Das Wenige jedoch, das man weiß oder zusammenreimt, ist einem mittelschichtig zentrierten Gemüt wenig appetitlich: Hinter einer mühsam aufrecht erhaltenen Normalitätsfassade hausen ein despotisch-brutaler Vater, eine von Andy geliebte, aber oft depressiv-alkoholisch entrückte Mutter und ein älterer Bruder, der in die Fußstapfen des Vaters und mit Vorliebe auf Andy zu treten scheint.

Man mag sich wundern oder nicht, Andy kommt gerne in die Schule. Sie ist uns als Teil seines Umfeldes besser bekannt. Dort findet er, wie man so sagt, eigentlich gute Lernbedingungen vor: eine engagierte, einfühlsame Pädagogin, eine lebendige und solidarische Klassengemeinschaft, viel und anforderungsdifferenzierte Tages- und Wochenplanarbeit und anderes mehr, das helfen sollte. Noch dazu ist Andy durchaus beliebt. Er steht nicht am Rand, er steht mitten drin, geizt und bestiehlt, ärgert, kloppt und streitet nicht mehr als andere. Ein ganz liebes und sensibles Kerlchen eigentlich, weiß die Lehrerin. Wäre da nur nicht die Sache mit der Leistung – für alles fast ist er zu haben, nur nicht für das, was Schule ins Zentrum rückt.

Da wo es um Zahl und Wort geht, taucht er ab, entzieht sich mal mehr, mal weniger geschickt. Er träumt viel vor sich hin, gibt in der Freiarbeit alle Nase lang eine neue phantastische Geschichte nach links, rechts, vorne und hinten oder sich selbst zum Besten, wobei er noch jedes Objekt – vom Stuhl über den Schnürsenkel bis zum Stift – dramaturgisch aufwendig einzubeziehen weiß. Er kämpft Schlachten mit Speeren der Stärke HB, schlägt imaginierte Bösewichter mit einer Heerschar bunter Kreide in die Flucht, rettet Hilflose aus abstürzenden Radiergummis oder macht papierne Tiergefängnisse per Faustschlag dem Erdboden gleich. Freundlich ist er und wird grantig nur zu dem, der ihn auf unterrichtliches Terrain zu lotsen sucht. Wir wissen wovon wir reden, haben wir in der Schulpraxisgruppe doch genau dieses versucht.

2. Andy leistet viel

Über viele Wochen beobachten wir Andy und bemühen uns mit anderen, ihm während der Freiarbeit in seiner Klasse Hilfe anzudienen und ihm zu kleinen Erfolgserlebnissen zu verhelfen. Viel wird beratschlagt mit anderen und probiert, aber gelingen will uns nicht wirklich viel, um nicht zu sagen nichts.

Wieder treffen wir Andy an einem Mittwochmorgen in seiner Klasse und bieten uns an. Er ist einverstanden, und wir fragen ihn, was er denn von seinem Tagesplan angehen wolle, Rechnen oder Lesen. Die Frage nach den Hausaufgaben fällt, um Andy eine Brücke in die Freiarbeit – und zu möglichen sinnvollen Aufgaben – zu bauen. Aber der Ranzen ist leer – weder Hausaufgaben noch Stifte, Blätter oder Hefte. Uns scheint dennoch, dass seine Mappe vollbepackt ist, vollbepackt mit einem Bündel von Lebensfragen, für die er in der Schule kein Alphabet findet und die er gleichwohl mit seinen Flugobjekten, seinen Wurfgeschossen und Rettungsaktionen ins Spiel bringt.

Das ist seine (Lebens-)Leistung, an der er sich abmüht und die er kunstvoll und mit Eigensinn gegen alle Verführungskünste des Schulprogramms verteidigt. Bewegt er sich nicht ständig an Norm- und Könnensgrenzen – an der Grenze zwischen dem (in der Schule) Erlaubten und Unerlaubten, aber auch an den Grenzlinien des Erträglichen, das er in der Schule (noch) findet, und des Unerträglichen, das er Tag für Tag von zu Hause in die Schule mitschleppt, und die er im Spiel überschreitet *und* thematisiert? Pädagogen bringen es auf die Formel: Lebensprobleme überlagern die Lernprobleme, ja sie versperren das Lernen – und identifizieren mit dieser Formel vorschnell Lernen und Schule, als ob die Lebensfragen, die Andy zu buchstabieren versucht, nicht genügend Lernansprüche an ihn stellen. Ist da die Frage nach den Hausaufgaben nicht eine Zumutung, wo Andy doch zu Hause ganz anderes zu leisten hat? Nein – die Hausaufgaben sind hier mehr als Hausfriedensbruch, wie wir ihn bei vielen Kindern am Rande der Gesellschaft mitbekommen, deren Eltern mit ihren Hilfen zeitlich, finanziell und fachlich überfordert sind. Andys Hausfrieden ist längst schon gebrochen.

Andy lernt und leistet viel, viel für sich selbst im täglichen Kampf mit dem Wahnsinn seiner Lebensumstände; er leistet viel für uns – gibt er doch der soziologisch trainierten Distanz und der pädagogischen Empathie wieder etwas von jenem Zorn zurück, der einen befallen muss, wenn man in den Wurfspielen Andys an die Umstände denkt, die ihn formen, so sehr er auch gegen sie anrennt, ihnen eigene Sinndeutungen beigeben will. *Zorn auf Strukturen und Effekte sozialer Ungleichheit, die viele Andys vor und auch nach „unserem" Andy geprägt haben und prägen werden. Zorn aber auch auf die strukturell angelegte Blindheit von Bildungsinstitutionen gegenüber den existentiellen Problemlagen von Kindern.*

Um es emotionsloser zu sagen: Er schärft den Blick für die Effekte von Institutionen, die ihr Personal und ihre Zwangskundschaft auf einen Vergleichs- und Sortierprozess hin ausrichten, dem immer nur brüchig ein lebensweltlich gefärbtes „Unterleben" (Goffman 1973) beigegeben werden kann. Und er mobilisiert Widerstände gegen jenen Totalanspruch eines bürgerlichen Bildungs- und Leistungsverständnisses, das stets mit der heuchlerischen Rede von Gleichheit und Gerechtigkeit die Ungerechtigkeiten der Meritokratie maskiert.

3. Blöd ist der nicht

„Gell, der blickt's nicht, der macht auch viel Unsinn, aber du, Herr Jauch, blöd ist der nicht, gell?!" lässt uns ein Klassenkamerad ungefragt und en passant wissen. Unsinn ist ein gutes Wort.

Was im Erwartungshorizont schulischer Verhaltens- und Leistungskriterien als Unsinn erscheinen mag, ist für Andy Teil eines (Über-)Lebensthemas, das mit drängenden Sinnfragen durchsetzt ist. Nicht nur die Lehrerin möchte ihn in der 2a halten, auch der Klassenkamerad scheint in seiner unsicher fragenden und sich vergewissernden Art zu wissen, dass Andys Unsinn nicht alles ist. Sein Bild von Andy ist gebrochen – von Sympathie und Anerkennung getönt, gleichwohl aber auch auf Bestärkung (auch durch erwachsene Personen und die Schule) angewiesen. Nicht blöd sein heißt in den Augen der Kinder dieses Alters allemal: etwas können; noch konkreter, etwas tun können und sich darin in der Kindergruppe beweisen können (vgl. Scholz 1996, S. 73-79). Andy vermag mit seinen Phantasien seine Klassenkameraden zu faszinieren, ihnen vielleicht auch etwas Nahrung zu geben für ihre eigenen Sehnsüchte und imaginativen Welten und damit ein Stück weit zu einer hilfreichen Antidisziplin in der Schule anzustiften.

Noch ist Andy nicht mit dem Stigma des Schulversagens und des schlechten Schülers behaftet, der durch Faulheit, Frechheit und gewalttätige Störmanöver auffällt. Er vermag durch sein freundliches Verhalten, seine Phantasie und seine Stärken in der Kinderkultur, aber auch durch die kommunikativen Begleitsignale, mit denen er sein Abtauchen in seine Wurf- und Rettungsspiele verständig zu machen versucht, auszudrücken, dass er mehr ist als das, was sich in einer Schulleistungsziffer festmacht. Und wir fragen – irritiert durch die Paradoxie des Sinns im Unsinn – wie das Andy (noch!) attestierte Können – vor allem sein Beziehungskapital – genutzt und gestärkt werden kann. Wäre es möglich, sich ein Stück weit auf seine Phantasien – und damit auch auf die Hinterbühne seines Lebens, die sich hartnäckig und hilflos zugleich meldet – einzulassen? Schule und Nicht-Schule, Lehrer und Nicht-Lehrer, Professionalität und (erwachsene) Personalität, System und Lebenswelt, Schulkultur und Kinderkultur zusammenzubringen, ohne sie ineinander aufzulösen? Wie können wir vermeiden, dass das, was Andy an lebensweltlichen Verstrickungen in die Schule hineinschleppt und in seinen Phantasien durchgestaltet, vom schulischen System – von Stoff- und Fächerkanon, Zeitplan und Leistungsziffern – ausgetrocknet, überwältigt und zum Schweigen gebracht wird? Noch einmal versuchen wir, Andys Leistung ein Stück weit zu verstehen und unserer Sympathie für ihn Gestalt zu geben – vielleicht das Beste, was wir in einem zeitlich begrenzten Schulpraxisseminar tun können.

4. Andy als Künstler?

Je mehr wir an die Spannungen von System und Lebenswelt denken und uns von Foucault (1976), Goffman (1973) und de Certeau (1988) inspirieren lassen, um so bewusster wird uns, dass Andy Autor (Urheber) und Künstler ist und mit seinen eigensinnigen, listenreichen und dramaturgisch gestalteten Strategien ein unkonventionelles „Netz der Antidisziplin" (de Certeau 1988) spinnt, um damit die (Un-)Ordnungsstrukturen der Mächtigen zu umgehen oder doch zumindest an ihren Orten zu wildern.

Die Schule gibt ihm dazu (noch) Raum und Zeit – lässt ihm seine kulturellen Entwürfe noch durchgehen. Aber es ist nicht die Leistung, die von ihm gefordert wird.

Wenn wir Kunst verstehen als Fähigkeit, den (oft bedrängenden) Wahrnehmungen und Erfahrungsbruchstücken eine Form geben zu können und sich von der Aufdringlichkeit und der Macht des Gegebenen ein Stück weit zu befreien, dann erahnen wir etwas von der ästhetischen Intelligenz und Leistung Andys – jenseits der bürgerlichen Zensuren, die dekretieren, was den Namen Kunst verdienen könnte. Ausgehend von Deweys Kunsttheorie (1958) – die Kunst als „sinnhafte" Artikulation von Erfahrung versteht – erscheinen uns Andys Inszenierungen als Versuche, an der überwältigenden Direktheit dessen zu arbeiten, was ihn – unverstanden – von innen und außen bedrängt. Seine ästhetische Arbeit, die er da betreibt, ist wohl nicht weniger als ein Versuch der Selbstpositionierung in gefährlicher Welt – ein Versuch, bei dem Andy in auffallender und irritierender Weise zugleich (existentielle) Momente seiner Lebenswelt erinnert, in Szene setzt und gestaltet. Dabei scheinen uns drei Leistungen Andys besonders erwähnenswert: seine Erinnerungsleistungen, seine Phantasien und seine Beziehungsangebote.

Erinnerungsarbeit

Kein Zweifel: Andy bricht Gefängnisse auf, rettet Hilflose und schlägt die Bösen in die Flucht mit den Mitteln der Fernsehkultur. Seine Aufführungen sind mit Medienfiguren durchsetzt; aber in der Ausdauer und Hartnäckigkeit, mit der er ans Werk geht, werden auch – so scheint es uns – Erinnerungsfetzen präsent, die sich nicht so leicht abstreifen lassen. Andy vermittelt uns in seinen Stücken eher den Eindruck der Arbeit – der Erinnerungsarbeit. Freilich äußert sie sich nicht diskursiv, sondern präsentativ – eben, wie es für die Ästhetik kennzeichnend ist, im Modus des Zeigens. Gezeigt wird vor allem das, was im „Dunkel des gelebten Augenblicks" (Bloch 1954) verdeckt, beschönigt, vergessen und übersehen wird: das Elend, das hier in symbolischer Form wiederkehrt und Andy vielleicht schon auf die Straße des Bewusstseins bringt.

Für einen Zweitklässler spielt dabei zweifellos die Körperlichkeit und Oralität seiner Gestaltungen noch die entscheidende Rolle: Andy gestaltet seine trostlosen Erinnerungen im Raum des Sich-Bewegens und Erzählens phantastischer Geschichten – nicht mit Buchstaben und mathematischen Operationen. Kein Wunder, dass eine auf schriftliche Literalität angelegte Schule irritiert ist – auch weil Andys Kulturarbeit sich im Prozess entfaltet und erschöpft, flüchtig und episodenhaft im Vollzug des Zeigens aufgeht. Jedenfalls ist sie nicht am Ergebnis festzumachen. Sie durchbricht die leistungsorientierte Zeitökonomie und die Verzweckungen und Sinnvorgaben der Schule. Radiergummi, Stifte und Kreide erhalten andere Bedeutungen, sind Requisiten einer schwierigen Lebensgestaltung. Und all das erscheint im (traditionellen) Lernverständnis eher als nutzlos und höchst privat – gelegentlich auch als suspekt, weil noch ganz im Leiblichen und Oralen verhaftet.

Phantasien: die Imagination des Abwesenden

Alle Fragen des Menschen sind Fragen der Gestaltung, hat Beuys immer wieder verdeutlicht, und wer die exzentrische Positionalität des Menschen, seine Plastizität und Weltoffenheit, aber auch seine Bedrohtheit bedenkt, wird dem nur zustimmen. An Andy wird uns das erneut bewusst: Mit seinen originellen, die Schule störenden Gestaltungsentwürfen ist er nicht nur erinnernd aktiv, er greift auch in die Zukunft hinein und überschreitet Raum und Zeit. Andys Befreiungsphantasie erscheint uns wie ein fliegender Teppich, der der Zeit vorauseilt, Abwesendes imaginiert und in seltsamen Gestalten vergegenwärtigt, die gleichsam einer Zwischenwelt angehören. Auffallende Kreisprozesse, wie sie für kulturelle Produktion typisch sind, entfalten sich da. Je mehr sich Andy auf seine Aktionen einlässt (und wir ihm dazu – zunächst widerwillig – Raum geben), um so lebendiger wird seine Phantasie. Sie ist nicht schon als „fertige", die dramatischen Aufführungen determinierende Ursache (seines Unsinns) „abgepackt". Es ist verwickelter: Offensichtlich entzünden und intensivieren sich die Phantasiegebilde erst in den inszenierten Spielzügen und Gestaltungsversuchen und treiben sie umgekehrt wieder voran, um schließlich einen Weg in ungeahnte Wünsche und Möglichkeiten freizuspielen. In solchen Grenzüberschreitungen zeigt sich dann auch die produktive Bedeutung der Phantasie, worauf Marcuse (1957, S.147) hingewiesen hat: „Die kritische Funktion der Phantasie liegt in ihrer Weigerung, die vom Realitätsprinzip verhängten Beschränkungen des Glücks und der Freiheit als endgültig hinzunehmen, in ihrer Weigerung zu vergessen, was sein könnte."

So verstehen wir Andys Phantasiegestalten auch als Weigerung; aber nicht oder doch nur vordergründig als Schulverweigerung, viel mehr als höchst sensiblen Widerstand, das zu vergessen, was sein könnte. Müsste die Schule bei solchen Weigerungsversuchen nicht behilflich sein? Kann sie den Kreisläufen von gestaltendem Ausdruck und der zukunftsweisenden Kraft der Phantasie angemessene „Nahrung" geben?

Beziehungsangebote
Andy hat etwas nachzuholen und leben zu lassen, was durch seine trostlose familiale Welt erstickt wird und was in der Schule häufig nur unter dem Attribut des Störenden erscheint: Beziehungen unter Kindern, die er mitdefinieren und aushandeln kann. Seine kreativen Konstruktionen und Dekonstruktionen, die er der Erwachsenenwelt entgegensetzt, enthalten Beziehungsangebote, die sich uns erst auf den zweiten Blick enthüllen. Auffallend ist: Andy arbeitet in seinen Aufführungen mit Handbewegungen und Körpergesten, mit Blicken und gesprochenen Worten, und es scheint uns, dass all das ein kommunikatives Angebot enthält. Der symbolische Interaktionismus hat darauf hingewiesen, dass uns unsere Blicke, Bewegungen, Worte fremder sind als den anderen; der andere erkennt das Gestikulieren der Hand und die Botschaft des Blickes besser. So ist es wohl auch bei Andy: Seine ästhetischen Gestaltungen sind – wie wir es aus Kinderkulturen generell kennen – auf das andere Kind angewiesen. Es sind Botschaften, die Klassenkameraden miteinbeziehen wollen und von ihrem sozialen Echo, ihren Annäherungen und Abgrenzungen leben.

In neueren Untersuchungen zur Kinderkultur wird zurecht hervorgehoben, dass Kinder solche Ko-Konstruktionen suchen, um sich aus der Beziehung zu Erwachsenen ausklinken zu können und ihre Definitionsmacht zu relativieren. Ihre Alltagsästhetik – in Reimen, Spielen, Sprachschöpfungen, Mutproben – ist voll von Norm- und Tabubrüchen. Sie lebt von Formen des Eigensinns und der Antidisziplin. Deshalb brauchen Kinder andere Kinder, um sich in konflikthaften Aushandlungsprozessen gegenseitig zu zeigen, was *für sie* „giltet", wirklich und bedeutsam ist. Wie in Andys Aufführungen geht es dabei immer wieder um dieselben grundlegenden Themen – nämlich darum, mit Gleichheit und Differenz, Macht und Ohnmacht, Ordnung und Unordnung, Zugehörigkeit und Ausgrenzung, Befreiung und Bindung, Schöpfung und Zerstörung umgehen zu lernen, mit den Grenzen des Erlaubten und Unerlaubten zu experimentieren und sich in die Regulation von Ängsten und Aggressionen einzuüben.

Ist es nicht wichtig, Andy (und seinen Klassenkameraden) Raum zu lassen für die Gestaltung solcher Themen, bevor er sich im Spiegel verfestigter Zuschreibungen des schlechten Schülers in den Untergrund der Resignation, der Verhärtung und Dummheit zurückzieht? Noch ist er nicht blöd – aber wie lange noch?

5. Was wir uns für Andy wünschen – wider den dressierten Affen

Wenn wir selbst – angestoßen durch Andys Phantasien – über die kurze Praktikumsphase hinausblicken auf das, was sein könnte, und unsere Wünsche für Andy umschreiben, dann sind es im wesentlichen drei Hoffnungen.

Andy möge in der Schule auf Lehrer treffen, die ihn an der Hand nehmen und Zugang zu erwachsenen Vertrauenspersonen stiften – sei es in Verein, Jugendgruppe oder Ganztagsschule –, die seine Leistungen zu würdigen wissen und mit ihm verbindlich und verlässlich Alltagssituationen gestalten und Perspektiven für seinen Lebensweg vorzeichnen. Andy braucht einen „Ersatzvater", der für ihn da ist, wenn er ihn braucht, der von seinem Leben erzählt und zuhören kann, der mit ihm träumt und Abenteuer besteht, kocht und Feste feiert, eine Hütte baut und Theater spielt und bei alledem offen ist für Andys phantastische Aufführungen. Gefragt ist eine Schule, die den Hunger nach erwachsenen Personen ernst nimmt und trotz institutioneller Barrieren stabile personale Beziehungen eröffnet und auch außerhalb des Unterrichts Kontakte zu Vertrauenspersonen ermöglicht.

Wir stellen uns für Andy eine Schule vor, die Kinder zusammenbringt und ihrem Eigensinn in der Aushandlung und Erfindung von Kultur Raum gibt – auch in der Kooperation mit erwachsenen Laien und in der Mitgestaltung des Stadtteils (vgl. den Reformansatz der Französischen Schule in Tübingen; Götz 1999). Zur Arbeit des Lehrers gehört ein Gutteil Entrümpelung und Öffnung des pädagogischen Raumes. Andy braucht genügend unbesetzte und unfertige Stellen – Möglichkeiten des „Nebenbeilernens in Nichtschulsituationen": vielleicht auch eine Mischung aus Theater- und Videoatelier, Schuldruckerei und Computerraum, Holzwerkstatt und Töpferei, Garten und Tiergehege, um seinen Phantasien, seinem Entdeckungsdrang, seiner Kontaktfreude und seiner Lust am praktischen Tun nachgehen zu können. Solche Formen kultureller Praxis könnten hilfreich sein, wenn es darum geht, an schulische Aufgaben im engeren Sinne heranzuführen – auch an die Kulturtechniken Rechnen, Schrift und Lesekultur, die für ihn angstbesetzt und mit Schulversagen verbunden sind. So gehört es zu den vordringlichsten Aufgaben, zuallererst zu vermeiden, dass Andy aus seiner Klasse herausdividiert und sein Scheitern von früh an ins Gesicht geschrieben wird.

Schließlich wünschen wir uns für Andy eine Schule, die sich von ihm und seinem „schulfernen Milieu" irritieren und in Frage stellen lässt; die bereit ist, sich selbst in ihrem Kulturverständnis, ihrem Stoffkanon und ihrem verengten Leistungsbegriff (als einer Form kultureller Invasion) zu relativieren und sich für biographisches Lernen zu öffnen. Freilich plädieren wir damit nicht für eine naive Schülerorientierung. Schule ist vorrangig ein Ort der Distanz, des Erprobens, des Fragens, Überdenkens und Verstehens. Aber sie braucht die Nähe sozusagen zum „Text" der Alltagspraxis von Andy und seinen biographischen Erfahrungen. Aufgabe wird es sein, für ihn angemessene Schlüsselthemen und Medien zu finden, in denen er sich wiederfindet und seine Erfahrungsbruchstücke sortieren, symbolisieren und mitteilen kann. Wenn wir Andy seine Erfahrungen nehmen, nehmen wir ihm seine Identität. Dabei sind die Kulturtechniken im Prozess der Alphabetisierung unentbehrlich. Bei allen Sympathien für offene Lernformen (Freiarbeit, Wochenplanarbeit, Projektunterricht) schlagen wir für Andy die Entwicklung und Erprobung kursartiger Lerneinheiten und entsprechender Materialien vor, die ihm eine engere Führung und didaktische Strukturierung bieten und dabei gleichwohl an seinen Themen ansetzen und allmählich Zugang schaffen zur verstärkten Eigenverantwortung des Lernens.

Die hier nur angedeuteten Wünsche stellen ein Gegenbild dar zu Kafkas Persiflage „Ein Bericht für eine Akademie", in dem er einen Affen schildert, der durch die Bildungs-, besser Dressurbemühungen zum menschlichen Habitus konvertiert und die seltsamen Gewohnheiten des Pfeifenrauchens und Schnapstrinkens annimmt.

Können wir Andy dieses Schicksal der Entfremdung und Verdummung ersparen und ihm einen Bildungsweg anbieten, der weder die Ungleichheit der Lebensverhältnisse vergisst, noch sie als Begabungsdifferenzen naturalisiert (vgl. Bourdieu/Passeron 1971)?

Literatur
Bloch, E.: Das Prinzip Hoffnung. Berlin 1954.
Bourdieu, P., Passeron, J.-C.: Die Illusion der Chancengleichheit. Stuttgart 1971.
Certeau, M. de: Kunst des Handelns. Berlin 1988.
Dewey, J.: Art as Experience. New York 1958.
Foucault, M.: Überwachen und Strafen. Frankfurt 1976.
Goffman, E.: Asyle. Über die soziale Situation psychiatrischer Patienten und anderer Insassen. Frankfurt 1973.
Götz, B.: Intuition und Absicht im erzieherischen Prozess. Über die Wirklichkeit des Augenblicks und den „Möglichkeitssinn" der Intuition. In: Kaschubowski, G.: Zur Frage der Wirksamkeit in der heilpädagogischen Arbeit. Luzern 1999, S.91-123.
Götz, B.: Die Schule als Werkstatt des Kindes. Über die Gestaltung der Intuition am Beispiel einer Reformschule. Luzern 1999, S.133-152.
Götz, B., Lehmann, B. mit der Arbeitsgruppe Primarstufe: Die Schule im Quartier – Im Quartier lernen, erfahren, entdecken. Konzeption für die Französische Schule in Tübingen. Tübingen 1995.
Horkheimer, M., Adorno, Th.W.: Zur Genese der Dummheit. In: Dies.: Dialektik der Aufklärung. Darmstadt 1997, S.295-296.
Iben, G.: Das Versagen der allgemeinen Schule gegenüber Behinderten und Benachteiligten. In: Eberwein, H. (Hg.): Behinderte und Nichtbehinderte lernen gemeinsam. Handbuch der Integrationspädagogik. Weinheim und Basel 1988, S.128-135.
Kafka, F.: Die Erzählungen. Frankfurt 1961.
Marcuse, H.: Phantasie und Utopie. In: Ders.: Eros und Kultur. Ein philosophischer Beitrag zu Sigmund Freud. Stuttgart 1957, S.139-155.
Scholz, G.: Kinder lernen von Kindern. Hohengehren 1996.
Selle, G.: Kunstpädagogik und ihr Subjekt. Entwurf einer Praxistheorie. Oldenburg 1998.

Gotthilf Gerhard Hiller

„Wann haben Sie Zeit?"

Ende Juni 2002 ruft Stanis (23) mal wieder bei mir an: „Wann haben Sie Zeit? Sie wissen, am 30. Juli bin ich mit Zivildienst fertig. Dann brauch ich Arbeit. Muss Bewerbungen machen. Hab schon alles fertig, Bewerbungsschreiben, Lebenslauf und so ... Ob Sie das noch mal angucken können, bevor ich's wegschick? Ich bring alles mit, hab's auf Diskette und als Ausdruck. Geht schnell."

Stanis ist in Polen geboren, 1991 kommt er mit seiner Mutter nach Deutschland. Hals über Kopf seien sie damals aufgebrochen, nachdem die Mutter erfahren habe, ihr Mann, der schon zwei Jahre zuvor umgesiedelt war, lebe mit einer anderen zusammen. „Die erste Zeit war übel", sagt Stanis. Der Zwölfjährige kommt in eine Vorbereitungsklasse, danach in die Hauptschule, die Familie zieht mehrmals um. 1995 macht Stanis mit 16 den Hauptschulabschluss. Eine Ausbildung zum Verfahrensmechaniker schließt sich an. Er braucht dazu vier Jahre. Das zweite Ausbildungsjahr muss er wiederholen: „Wegen Schule", sagt Stanis. Im Sommer 1999 schafft er die Facharbeiterprüfung. Bis Mitte 2001 ist er als „Einsteller" in seinem Ausbildungsbetrieb beschäftigt. Seit Oktober 2001 arbeitet er als „Zivi"-Hausmeister in einem Jugendhaus.

Wir kennen uns seit 1998. Damals brachte ihn sein Freund, ein BVJ-Absolvent, einfach mit. Zunächst ging's um schulische Nachhilfe, danach um die Vorbereitung auf die Facharbeiterprüfung, später brauchte er mich, um die schriftliche Begründung seiner Gewissensentscheidung gegen den Wehrdienst auszuformulieren. – Stanis sucht vergleichsweise selten, jedoch regelmäßig Gelegenheiten, mit mir seinen Alltag zu bereden, häufiger am Telefon, am liebsten jedoch im persönlichen Gespräch.

Am 4. Juli sitzt er vor mir. Die Diskette hat er vergessen, aber vom Bewerbungsschreiben und vom Lebenslauf ist je ein Exemplar vorrätig. „Einen PC hab ich mir gekauft. Mit word geht's so. Ich hab einfach altes Bewerbungsschreiben und alten Lebenslauf genommen und neu gemacht. Vorlage für beide stammt von Ihnen. Wenn gut (er deutet auf die beiden

Blätter), dann mach ich die anderen alleine. Weiß, wie das geht: einfach Adresse überschreiben. Ich hab vier Adressen, von Gelbe Seiten."

Der von Stanis gefertigte „Lebenslauf" orientiert sich an einem tabellarischen Muster, das im September 1999 im Zuge seiner Wehrdienstverweigerung entstanden war. Seine damalige Anschrift hat er gegen die aktuelle ausgetauscht. Die Berufe der Eltern sind aktualisiert, seine Schwester ist jedoch noch immer 18 Jahre alt und Auszubildende. Und unter „Berufstätigkeit" steht nach wie vor „seit 01.08.1999 bis heute: Kunststoffformgeber bei Fa. XY." Kein Wort, dass er dort als Einsteller tätig war, kein Hinweis darauf, dass sein Zivildienst in vier Wochen zu Ende ist. Wir aktualisieren zuerst diesen Datensatz und dessen Layout.

Das von Stanis erzeugte „Bewerbungsschreiben" sieht so aus:

```
Stanis H.                                    02. Juli 2002
Anschrift
Handy-Nummer

Firma
XY GmbH
Anschrift
```

Bewerbung

```
Sehr geehrte Damen und Herren,
hiermit bewerbe ich mich bei Ihnen um einen Arbeitsplatz.

Mit freundlichen Grüßen

Stanis H.
```

„Warum bewirbst du dich nicht einfach wieder in deiner alten Firma, in deinem Ausbildungsbetrieb?", frage ich Stanis. Darauf er: „Hab ich doch. Sagen, sie stellen keinen ein, müssen alte Mitarbeiter sogar entlassen, weil Auftragslage schlecht, oder so." – „Wo und als was hast du dort zuletzt gearbeitet?" – „Einsteller, immer Schicht, hab oft den Meister in der Nachtschicht vertreten. Ich war gut, haben alle gesagt." – „Und hast du ein Arbeitszeugnis gekriegt, als du zum Zivildienst gegangen bist?" – „Ja, hab ich." – „Und wo ist das?" – Stanis kramt seine Brieftasche aus der Jeans und legt mir das vielfach gefaltete Zeugnis vor: „ ... hat stets zu unserer vollsten Zufriedenheit die ihm übertragenen Aufgaben erfüllt ... Sein Verhalten zu Vorgesetzten und Mitarbeitern war stets einwandfrei ..." – „Das könnte ja gar nicht besser sein", sag ich zu ihm. Er strahlt: „Weiß ich." – „Das muss in die Anlagen zu deiner Bewerbung." – „Aber doch nicht so!" – „Wir machen Fotokopien, gleich. – Außerdem muss ins Bewerbungsschreiben, dass du den Facharbeiterbrief und zwei Jahre Berufserfahrung hast. Du solltest auch erklären, warum du nicht mehr in deinen alten Betrieb zurück kannst. Und vom Zivildienst sollte ja auch was drin stehen. Schließlich solltest du um ein Vorstellungsgespräch bitten und irgendwie klar machen, dass du einen gleich gut bezahlten Job haben möchtest, so wie früher." – Darauf Stanis: „Dafür fehlen mir die Wörter und die Sätze. Das kann ich nicht, schreiben." Also setzen wir uns noch einmal an meinen PC. Nach zwanzig Minuten sieht das geliftete Bewerbungsschreiben dann so aus:

```
Stanis H.                                              04. Juli 2002
Anschrift
Handy-Nummer

Firma
XY GmbH & Co. KG
Kunststofftechnik
Straße
PLZ   Ort


Bewerbung um einen Arbeitsplatz
zum 01. September 2002

   Sehr geehrte Damen und Herren,

als ausgebildeter Verfahrensmechaniker (Kunststoff-Formgeber
Extrusion) und nach fast zweijähriger Berufserfahrung als Ein-
richter im Schichtbetrieb und als Vertretung des Schichtmeisters
in meinem Ausbildungsbetrieb bewerbe ich mich hiermit zum
01. September 2002 in Ihrer Firma um einen vergleichbaren
Arbeitsplatz, nachdem ich im Sommer 2002 meinen Zivildienst
beenden werde.

Mein bisheriger Betrieb kann mich fehlender Aufträge wegen nicht
wieder einstellen. Inzwischen wurden dort bereits langjährige
Mitarbeiter entlassen.

Ich würde mich freuen, wenn Sie mich zu einem Vorstellungs-
gespräch einladen wollten.

Diesem Schreiben habe ich das Arbeitszeugnis meiner bisherigen
Firma vom 18.07.2001 sowie mein Facharbeiterzeugnis, das Ab-
schlusszeugnis der Berufsschule und einen tabellarischen Lebens-
lauf beigefügt.

Mit freundlichen Grüßen

Stanis H.
```

Die beiden neuen Dateien werden auf eine Diskette kopiert, die Stanis an sich nimmt: „Damit schaff ich den Rest. Danke!" Mit Fotokopien seines Arbeitszeugnisses und mit vier Fenster-Umschlägen im DIN-A-4-Format zieht er ab.

Am 24. Juli 2002 Anruf von Stanis: „Gestern hatte ich Vorstellungsgespräch bei XY in Z. Heute Zusage. 2.300 Euro netto bei Normalschicht. Ist doch Klasse, oder? Nochmal, vielen Dank! – Wann gehen wir essen? Ich lad ein!

Ingeborg Hiller-Ketterer

Dilan: „Ist dein Vater arbeitslos?"

Damals im zweiten Grundschuljahr fiel sie mir auf. Sie hatte ungewöhnliche Lernschwierigkeiten und ein Verhaltensrepertoire, das ich so noch bei keinem anderen türkischen Mädchen beobachtet hatte. In schwer erträglicher Weise versuchte sie, Erwachsenen gegenüber ihre „Niedlichkeit" (und Hilflosigkeit) zur Schau zu stellen, wobei ihr Verhalten deutliche Nuancen zeigte, je nachdem, ob sie den Klassenlehrer, eine Studentin oder mich zum Hauptadressaten hatte. Den Mitschülerinnen und -schülern gegenüber verhielt sie sich oft aggressiv, selten offen, meist versteckt und möglichst gut kaschiert: Sie stellte ihnen ein Bein, rempelte sie an, nahm ihnen Sachen weg ... Kam eine entsprechende Reaktion, war sie beleidigt und weinte. Wurde ein solcher Konflikt unter vier oder sechs Augen später verhandelt, wusste sie nichts davon, dass sie ihn hätte ausgelöst haben können, wollte es jedenfalls nicht gewesen sein, und vor allem hatte man *ihr* sehr weh getan. Für eigenes Fehlverhalten versuchte sie in der Regel andere verantwortlich zu machen.

Im Unterricht war sie extrem langsam. Endlos brauchte sie, das geforderte Heft oder sonst nötige Utensilien in ihrer Schultasche zu finden oder danach zu suchen. Manchmal ließ sich – trotz systematischer Hilfe (ich saß bisweilen neben ihr) – das Erforderliche nicht finden. Offensichtlich half ihr zu Hause niemand, die Schultasche zu packen oder sie gelegentlich in Ordnung zu bringen. So fehlte wieder einmal das Hausaufgaben-Heft. Ich gab ihr schließlich ein Blatt und fragte sie in der Pause: „Dilan, was machst du mit dem Hausaufgaben-Heft, wenn du die Aufgaben fertig hast?" – „Ich pack's ein." – „Warum hast du das gestern nicht gemacht?" – „Das hab ich ja, aber dann wollte mein Onkel einen Notizzettel von mir. Was er dann mit dem Heft gemacht hat, weiß ich nicht." – Ist das eine raffinierte Notlüge oder die Wahrheit? Am nächsten Tag: „Da ist ja dein Hausaufgaben-Heft wieder!" Beiläufig will ich es in die Hand nehmen und prüfen, ob es Spuren eines herausgerissenen Blattes zeigt. – „Ist dein Vater arbeitslos?", fragt sie mich. „Warum?", will ich wissen. Verblüfft vergesse ich das Hausaufgaben-Heft. „Weil du so oft die gleichen Sachen anhast."

Selbst wenn Dilan im Unterricht vor sich hatte, was sie brauchte, dauerte es lange, bis sie sich einer Aufgabe zuwenden konnte. Sie arbeitete sehr langsam und kam, auch wenn man neben ihr saß, nur selten über die Hälfte dessen hinaus, was verlangt wurde.

Dilan saß damals alleine an einem Tisch. Niemand aus der Klasse wollte neben ihr sitzen. War ein anderes Kind vorübergehend dafür zu gewinnen, gab es Schwierigkeiten.

Was ist wohl aus Dilan geworden, jetzt, wo sie im vierten Schuljahr ist? Diese Frage geht mir schon seit Tagen durch den Kopf. Heute ist es wieder so weit. Mit einer anderen Gruppe von Studierenden bin ich anderthalb Jahre später wieder in ihrer Klasse. Unmittelbar vor Unterrichtsbeginn betreten wir das Klassenzimmer. Dilan ist zumindest äußerlich voll integriert. Sie hat ihren Platz mitten in einer Tischreihe. Wir haben kurz Blickkontakt. Dann beginnt der Unterricht. Ich schreibe Protokoll, will möglichst viel aufnehmen, von allen viel mitkriegen. „Dilan, hast du die Hausaufgaben eingetragen?", höre ich den Klassenlehrer fragen. Sie kniet auf ihrem Stuhl. Hatte sie überhaupt zu schreiben angefangen? Fertig ist sie nicht. Andere auch nicht.

In der folgenden Stunde geht es um die gleichzeitige Subtraktion von zwei Beträgen. An einer Sachaufgabe wird die Problemstellung verdeutlicht. Die Kinder versuchen, die Aufgabe allein schriftlich zu lösen. „Also jeder macht's so gut er kann. Es muss nur das richtige Ergebnis herauskommen", sagt der Lehrer. Stefan stellt den Anfang seines Lösungsweges vor. Er hat bis jetzt nur den ersten Betrag subtrahiert, der zweite muss vom Rest noch abgezogen werden. Seine Lösung steht an der Tafel. – Kerstin hat die beiden zu subtrahierenden Beträge addiert. Ihr Lösungsweg wird an der Tafel zu Ende geführt. „Dies ist der zweite Weg. Wer hat's noch anders gerechnet?" Achim hat beide Beträge gleichzeitig subtrahiert. Er stellt „seine" Version an der Tafel einwandfrei vor. „Das ist die dritte Möglichkeit. Welche ist die schnellste?", fragt der Lehrer. „Diese ist's. Aber auch die schwerste", sagt Ante. Ob er nicht recht hat, überlege ich, zumindest im Blick auf die Kinder wie Inan und Dilan. Meine Söhne und deren Freunde, die ich in Afrika im vierten Schuljahr selbst unterrichtete, hatten enorme Schwierigkeiten mit der gleichzeitigen Subtraktion mehrerer Beträge. Ich ließ sie schließlich nach dem „zweiten Weg", dem von Kerstin, rechnen. Marica löst eine weitere Aufgabe so wie Achim. „Wer ist sich nicht so sicher und möchte noch eine Aufgabe an der Tafel rechnen?"

Dilan meldet sich. Sie kommt an die Tafel und fängt zu rechnen an: $495-288-96$. „Sechs plus acht ist vierzehn. Vierzehn auf fünf geht nicht. Wenn fünf nicht geht, dann nehm ich fünfzehn." Sie zögert. Da spricht ein anderer Schüler den Lehrer sehr leise auf ein Problem an. Er geht kurz darauf ein. Wichtig ist's für alle, wie sich zeigt, als es danach vor der ganzen Klasse aufgegriffen wird, während die Aufgabe an der Tafel zu Ende geführt werden soll: „Was muss ich denn übertragen?" – Jetzt hakt's bei Dilan aus, denke ich. Sie hat sich inzwischen von der Tafel weg und zum Lehrer hingedreht. Selbst wenn sie es vielleicht durchgestanden hätte, jetzt ist sie total verwirrt. – Der Lehrer legt behutsam seine Hand auf ihre Schulter: „Weiter geht's!" – „Wenn fünf nicht geht, dann nehm ich fünfzehn. Übertrage eins. Fünfzehn minus vierzehn ist eins." – „Die Eins steht schon da." – „Eins plus neun ist zehn, plus acht ist achtzehn. Auf neun geht nicht. Dann nehm ich neunzehn", sagt Dilan. „Neunzehn minus achtzehn ist eins. Schreibe eins, übertrage eins." Jetzt geht alles schnell: „Eins plus zwei ist drei. Drei minus vier ist eins." Dilan strahlt: „Eins, eins, eins." – „Einhundertelf", sagt Achim. Aber das ist Dilan egal.

Später bittet sie mich um einen Eintrag in ihr Poesiealbum:

> Nicht müde werden
> sondern dem Wunder
> leise
> wie einem Vogel
> die Hand hinhalten.
> *Hilde Domin*

„Sie heißen doch nicht Hilde", sagt Dilan, als sie gelesen hat, was da steht.

Stefan Jeuk

„Polis değilki salak, araba"
(Es ist keine Polizei, du Dummkopf, es ist ein Auto)

Önder, ein Junge mit türkischer Familiensprache, kam mit 3;3 Jahren in den Kindergarten. Er sprach zu diesem Zeitpunkt kein Deutsch. Die folgende Situation ergab sich, nachdem er seit einem Monat den Kindergarten besuchte. Wir spielen zusammen mit Autos, Gummitieren, Zäunen und ähnlichem. (In der linken Spalte sind Önders Äußerungen notiert, in der rechten Spalte meine. Türkische Äußerungen stehen *kursiv*.)

236	(spielt mit Plastikfisch)	
237	*Balık arabanın üstüne duracak.*	
238	*(Fisch hier her, der Fisch wird auf dem Auto stehen.)*	
239		Der Fisch kann rein in das Auto.
240	*balık arabanın üstüne duracak.*	
241		Der Fisch sitzt oben auf dem Auto.
242		Guck mal, den Fisch kann man auch
243		innen rein machen. (Geräusche)
244		*balık (Fisch)* in *araba (Auto)*
245	*Araba. (Auto)* <unverständlich>	
246	Polizei.	
247		Polizeiauto
248	dududuut	dududuuutduduuuutduduuut
249		lalulala (spielt Polizei)
250	*Polis değilki salak, araba. (Es ist keine*	
251	*Polizei, du Dummkopf, es ist ein Auto).*	
252	dududuuuu (spielt Auto)	lalalaaaa

Wie andere Kinder auch ist Önder vom Thema „Polizei" sehr fasziniert. Kurz zuvor wurde es im Kindergarten behandelt, und Polizisten im Streifenwagen statteten der Einrichtung einen Besuch ab. So hat Önder eine Vorstellung davon, wie ein Polizeiauto aussieht. Sein Widerspruch entsteht vermutlich vor dem Hintergrund, dass ich ein Spielzeugauto als „Polizeiauto" bezeichne, das er als „normales" Auto ansieht.

Aus psycholinguistischer Sicht ist an diesem Dialog interessant, dass Önder wahrscheinlich genau weiß, dass ich ihn nur eingeschränkt verstehe: Er verwendet einen Ausdruck, der im Türkischen als Beschimpfung gilt, die ein Kind nie an einen Erwachsenen richten würde (*salak*). Das weist darauf hin, dass er ein implizites Wissen über das Vorhandensein verschiedener Sprachsysteme hat. Dies ist deshalb bedeutsam, weil in pädagogischen Kontexten häufig davon ausgegangen wird, dass das Mischen von Sprachen für den Zweitspracherwerbsprozess schädlich sei, weil sich darin eine mangelnde Trennungsfähigkeit der Sprachen zeige. Die Kinder müssten lernen, dass es sich um verschiedene Sprachsysteme handelt. Önder scheint dies jedoch von Anfang an zu wissen. Er nutzt meine Bereitschaft, türkische Äußerungen zuzulassen und zu fördern, zunächst aus und spricht nahezu ausschließlich Türkisch mit mir. Da meine eigenen Türkischkenntnisse begrenzt sind (vgl. Zeile 244) und ich in der Regel auf Deutsch antworte, kommunizieren wir häufig aneinander vorbei. Die offensichtlichen Schwierigkeiten in der Kommunikation tun jedoch seiner Sprech- und Kooperationsfreude keinen Abbruch. Önder zeigt mir so meine Grenzen auf und versetzt mich in eine sprachliche Situation, die Parallelen zu seiner Lage im dominant deutschsprachigen Kindergarten aufweist: Er macht mich sprachlich hilflos, da ich ihn nicht verstehe und dennoch mit ihm interagieren will.

Nach einem Vierteljahr im Kindergarten wechselt Önder abrupt von der dominant türkischen in die dominant deutsche Sprachpraxis. Die Radikalität dieses Wechsels lässt sich anhand der folgenden Begebenheit zeigen: Eine zweisprachige Studentin, die mich in den Kindergarten begleitete, fragte Önder auf Türkisch, ob es ihm gefalle, mit mir zu spielen. Önder wies sie zurecht mit dem Hinweis, dass ich nicht gut Türkisch könne und wir schließlich in einem deutschen Kindergarten seien.

Die eingangs beschriebene Situation entstand im Kontext eines Forschungsprojekts, das den Zweitspracherwerb türkischer Migrantenkinder in deutschen Kindergärten zum Gegenstand hat. Ich möchte sie zum Anlass nehmen, über die Methode der „Teilnehmenden Beobachtung" nachzudenken, die der Spielsituation zu Grunde liegt. Bei diesem in der Ethnologie entwickelten Verfahren wird davon ausgegangen, dass der Forscher die natürliche Lebenswelt der Untersuchungspersonen durch Teilnahme an deren Leben besser verstehen kann. Die Beobachtung richtet sich auf das Verhalten der untersuchten Personen, dem subjektiver Sinn und objektive (soziale) Bedeutung unterstellt wird.

Ein zentrales Problem so verstandener Teilnahme ist, dass der Forscher seine subjektiven Erfahrungen wissenschaftlich, das heißt objektiv, vermitteln will. Diese Paradoxie scheint in der Methode angelegt: Die Ethnologen, die unbekannte Kulturen besuchten und am Leben der „Wilden" teilnahmen, um sie zu „verstehen", nahmen für sich zwar die Objektivität der Beobachtung in Anspruch, allerdings erfolgte dies unter der kolonialen

Haltung, die eigenen Maßstäbe der Bewertung nicht ändern zu müssen. Die Beobachteten selbst hatten durchaus andere Interessen als der Forschende, und dieser konnte nur das berichten, was ihm zu Augen und zu Ohren gekommen war und was er verstehen konnte. Die ernüchternde Bilanz dieser Art ethnologischer Forschung zeigt sich immer dann, wenn Nachuntersuchungen zu völlig anderen Ergebnissen kommen (vgl. Niekisch 2002).

In Bezug auf Önder lässt sich ein Widerspruch zwischen meinen Erwartungen und seinem Verhalten aufzeigen: Da er zunächst nur Türkisch mit mir spricht, erfüllt sich meine Hoffnung nicht, seine Kompetenzen in der Erstsprache könnten für den Erwerb der Zweitsprache nutzbar gemacht werden. Folglich lassen sich auch keine Sprachmischungen beschreiben. Nach wenigen Wochen erfolgt sein überraschender und abrupter Schwenk zur dominant deutschen Sprachpraxis. Dies lässt mich vollends verzweifeln: Anstatt mir die erhofften Sprachmischungen zu liefern, verweigert er sich weitgehend meinen Angeboten, die türkische Sprache zu nutzen. So komme ich nicht umhin, mich insgeheim über ihn zu ärgern: Ich widme ihm so viel Zeit und Aufmerksamkeit, da hätte ich doch mehr „Dankbarkeit" (das heißt Daten, die meinen Vorannahmen entsprechen) erwarten können. Schließlich muss ich mich fragen, ob Önder meinen Plan intuitiv durchschaut, seine Kompetenzen in der Erstsprache zum Erwerb der Zweitsprache quasi zu instrumentalisieren. Er hält mir den Spiegel vor und gemahnt mich daran, dass in pädagogischen Kontexten das Vorwissen, die Erwartungen und die Einstellungen der Erziehenden an den kindlichen Handlungen und Einstellungen gemessen und relativiert werden müssen.

Es mag verwundern, dass ich Teilnehmende Beobachtung in fremden Kulturen und Ländern mit dem methodologischen Zugang zur Erforschung des sukzessiven Zweitspracherwerbs türkischer Migrantenkinder vergleiche. Die Parallele fügt sich jedoch nahezu nahtlos in den Topos vom „Eigenen" und „Fremden" ein, der die Diskussion um Leistungsdefizite von Migrantenkindern nur allzu oft bestimmt (Diehm und Radke 1999). Indem man Familien mit Migrationshintergrund als *kulturell* anders definiert, werden sie zu Fremden, deren Einstellungen und Handlungen nicht ohne weiteres verstehbar sind.

Je nach Sichtweise werden die Schwierigkeiten im Zweitspracherwerb dann bei den Kindern selbst gesucht oder mit dem Unwillen der Familien zur *Integration* (meist fälschlicherweise im Sinne von *Assimilation,* also bedingungsloser Anpassung, gebraucht) oder mit kulturellen Barrieren erklärt, nicht aber bei den Bildungseinrichtungen selbst vermutet. Viele Lehrerinnen und Lehrer gehen davon aus, dass Migrantenkinder, die in Deutschland geboren und aufgewachsen sind, ausreichend Deutsch können müssten, obgleich im Kindergarten ihren besonderen Lernvoraussetzungen kaum Rechnung getragen wird. Eine Überführung in die Förderschule scheint dann die zwangsläufige Konsequenz.

Der entscheidende Punkt, in dem sich Kinder von Arbeitsmigranten von einsprachigen Kindern unterscheiden, ist ihre lebensweltliche Mehrsprachigkeit. Dieser muss in der Tat Rechnung getragen werden. Solange jedoch Lehrpläne „muttersprachlich" (deutsch) ausgerichtet sind, Förderstunden gestrichen werden, Türkischkenntnisse der Kinder ignoriert, Erzieherinnen weitestgehend alleine gelassen, Lehrer nicht in Mehrsprachigkeit ausgebildet werden usw., solange sich also deutsche Institutionen dem Problem weitgehend verweigern, halte ich es für unangemessen, im Hinblick auf mangelnde *Sprach*fähigkeiten *kulturelle* Differenzen überhaupt anzuführen.

Die kritische Einschätzung der (subjektiven) Beobachterrolle darf nicht zur Resignation führen. Vielmehr muss die Position, aus der heraus die Forschung betrieben wird, transparent und damit rezipierbar und kritisierbar gemacht werden. In diesem Fall bedeutet dies, sich für Kinder zu engagieren, denen *Kultur*differenzen unterstellt werden, weil man deren *sprachliche Besonderheiten* in der pädagogischen Praxis weitestgehend ignoriert.

Literatur
Diehm, I., Radtke, F.-O.: Erziehung und Migration. Stuttgart 1999.
Niekisch, S.: Kolonisation und Konsum. Kulturkonzepte in Ethnologie und Cultural Studies. Bielefeld 2002.

Hansjörg Kautter

„Du sollst mit dem Männchen sprechen!"
Ein Kind schafft Verwirrung in der Testsituation

> *Lieber Hermann,*
> *Wir wurden gebeten, für Dich Geschichten zu erzählen, in denen Kinder den Fortgang des pädagogischen Geschehens selbst in die Hand nehmen.*
> *Geschichten spielen in der Vergangenheit. Deshalb beginnt meine Geschichte mit der Formel: „Vor langer Zeit ..."* *Alte Geschichten haben ihren eigenen Reiz: Zeitlose Menschenerfahrungen kommen daher im Gewand vergangener Zeiten; sie stimmen uns nachdenklich, weil wir uns darin wie in einem Spiegel unversehens wieder erkennen. Ob Du Dich in meiner Geschichte auch ein Stück weit wieder erkennen wirst?*
> *Dein Hansjörg*

Vor langer Zeit wirkte ein junger Psychologe an unserer altehrwürdigen Hohen Schule. In seiner eigenen wissenschaftlichen Sozialisation hatte er (widerstrebend) zur Kenntnis nehmen müssen, dass es bei der Spezies ‚Mensch' verschiedene Arten zu unterscheiden gilt und dass in unserem hoch entwickelten Staatswesen für jede Art das Beste getan wird: Jede Art hatte ihre eigene Schule bekommen; man hatte keine Mühe gescheut, solche Schulen einzurichten und auszustatten.

Dadurch entstand das Problem, die einzelnen Exemplare der Spezies Mensch zu sortieren, denn nur die ‚Berechtigten' sollten in den Genuss besonderer Aufwendungen kommen. Zum Sortieren benötigte man ‚exakte' Methoden, damit Fehlzuordnungen vermieden wurden. Man fand sie bei der Testpsychologie.

Eines Tages wurde unser Psychologe mit der Aufgabe konfrontiert herauszufinden, ob Ulla, ein elfjähriges Mädchen, das die Schule für Lernbehinderte besuchte, nicht doch besser in einer Schule für Geistigbehinderte untergebracht wäre – eine schwerwiegende Entscheidung, die unseren

Psychologen ziemlich belastete. Gewissenhaft ging er ans Werk: Er holte Ulla im Klassenzimmer ab; sie folgte ihm bereitwillig in den Testraum und wollte wissen, was man dort spiele. (Anscheinend war ihre Situationsdeutung eine andere als die des Psychologen: Sie beabsichtigte zu spielen; er wollte sie eigentlich zu denksportlichen Leistungen veranlassen.)

Im Testzimmer (respektive ‚Spielzimmer') angekommen, produzierte Ulla zunächst mit Papier und Bleistift eine ganze Serie von Bildern: Einen ‚Mann', eine ‚Mama', einen ‚Wagen mit Bier', eine ‚Puppe'. Alle Bilder schenkte sie ohne Umschweife unserem Psychologen: „Du spielst doch gern mit Puppen; kannste mit Puppen spielen?" Eine ‚Maske', die sehr bissig aussah, hielt sie ihm ins Gesicht, ob sie auch passe – er könne sie zu Fasching aufsetzen, einen bösen Mann spielen und die anderen Leute beißen, guck mal, so ... (um ihn auch wirklich zu überzeugen, biss sie sich kräftig in die Hand).

Vorsichtig machte unser Psychologe einen Versuch die ‚Spielsituation' umzudefinieren. Er begann mit der Durchführung eines Intelligenztests: „Jetzt machen wir ein paar Aufgaben, nachher darfst du wieder spielen ...". Mit dem „Hamburg-Wechsler-Intelligenztest für Kinder" (HAWIK) wollte er herausfinden, welchen kognitiven Entwicklungsstand Ulla (im Vergleich zu gleichaltrigen Kindern) erreicht hatte. Da er auf seiner Hohen Schule gelernt hatte, Vergleiche seien nur möglich unter für alle Personen vergleichbaren Bedingungen, bemühte er sich sehr um die Realisierung einer „objektiven Testsituation": Gewissenhaft hielt er alle Vorschriften zur Durchführung des Tests ein; die sprachlichen Anweisungen für die einzelnen Aufgaben hatte er gut auswendig gelernt, die vorgegebenen Zeiten für die Lösung der Aufgaben wurden strikt eingehalten, die Materialien für die sogenannten Handlungsaufgaben legte er Ulla korrekt in der vorgeschrieben standardisierten Form vor.

Ulla zeigte sich zunächst mäßig kooperativ. Nicht gerade zu Höchstleistungen aufgelegt beantwortete sie eher gelangweilt einige Fragen des ersten Untertests. Dann bei Frage 7: „Weiß i etta." Frage 8: „Weiß i net." Frage 9 (Wer hat Amerika entdeckt?): „Ich nicht." Frage 10 (Was macht der Magen?): „Kann ich nicht" (laut lachend). „Ich kann nicht so gut sprechen wie du. – Was noch?" Frage 11 (Wo geht die Sonne unter?): „Darf ich auch ein bisschen schwimmen lernen? Da musst du mich aber festhalten beim Schwimmen."

Etwas verzagt ging unser Psychologe den zweiten Untertest an. Durch den Wechsel der Aufgabenstellung angeregt, ließ sich Ulla darauf ein. Doch bei der tiefsinnigen Frage, warum es im allgemeinen besser sei, einer Wohltätigkeitsorganisation Geld zu geben statt einem Bettler, stand sie unvermittelt auf, ging zum Spielzeugregal, um sich einem Spiel hinzugeben. (Was ihr dabei wohl durch den Kopf gegangen sein mag?!)

Nach einiger Zeit ließ sie sich dazu bewegen, wieder an den Tisch zu kommen und die weiteren Fragen zu beantworten. Die Kooperationsbereitschaft war aber nur von kurzer Dauer; Ulla geruhte immer wieder andere Wege einzuschlagen: Mal erzählte sie ausführlich von ihrem „Cousäng" und seinen Fußballkünsten; dann lief sie wieder zum Spielzeugregal, um zu spielen oder auch von dort aus die Fragen des gestressten Psychologen gelangweilt bis aggressiv zu beantworten.

Beim fünften Untertest, einem Wortschatztest, geschah nun Folgendes: Ulla ließ unseren Psychologen bei seinen Aufgaben sitzen, ging zu einem anderen Tisch, auf dem sie beim Hereinkommen ein gefaltetes Papiermännchen abgelegt hatte. Sie nahm das Männchen und inszenierte einen Dialog mit ihm, sie selbst mit gönnerhafter Gouvernantenstimme, das Männchen mit piepsend-kreischender Kleinkinderstimme sprechend: Das Männchen singt mit kräftiger, klarer Stimme ein Kinderlied. – „Hörst du denn schlecht?" – „Ich geh zur Puppenstube." – „Was soll ich denn?" – „Hinsetzen." – „Ich bin gerne mit dir gut, aber ich geb manches nicht gern her."

Unser Psychologe schaltete sich ein und erkundigte sich beim Männchen, ob er ihm ein paar Fragen stellen dürfe. Das Männchen ging bereitwillig darauf ein und beantwortete artig mehrere Fragen.

Unser Psychologe, der sich immer noch der testtheoretischen Objektivitätsforderung verpflichtet fühlte und den sein schlechtes Gewissen plagte, versuchte vorsichtig seine Fragen wieder an das eigentliche Objekt seines Interesses zu richten. Ulla intervenierte energisch: „Du sollst mit dem Männchen sprechen!" Also warf er seine wissenschaftstheoretischen Bedenken endgültig über Bord, interagierte fortan mit dem Männchen, das den restlichen Test hoch motiviert zu Ende brachte. Tatkräftig unterstützt wurde er dabei von Ulla, die ihn immer wieder auf Versäumnisse aufmerksam machte: „Sag, das hast du prima gemacht, Männchen!" Oder: „Das ist noch zu schwer für dich." Oder: „Männchen, streng dich mal an!"

Was unser Psychologe in dieser Situation von und durch Ulla gelernt hat?
1. Auch Testsituationen sind dialogische Situationen, in denen zunächst einmal die Rollen auszuhandeln sind, welche die Akteure zu spielen gedenken.
2. Kinder widersetzen sich mitunter der Situationsdefinition, die ihnen der Diagnostiker überstülpen möchte, und versuchen mit erstaunlicher Phantasie ihre eigene Definition durchzusetzen.

Sollte dies womöglich nicht nur für Testsituationen, sondern auch für die Schule und allen Unterricht gelten?!

Ursula Kerpa

Danyplussahne

Danyplussahne ist das Gegenteil von Understatement. Innerhalb meiner Familie wird diese Bezeichnung als Kürzel für solche Personen benutzt, die ihren ganz normalen, banalen Alltagshandlungen den Nimbus des Besonderen und Exklusiven verleihen, obwohl diese, unter rationalen, sozialen und zum Teil auch ökonomischen Gesichtspunkten gesehen, oft genug eher ungeschickt und manchmal fast schon dumm sind. Es war ursprünglich die Bezeichnung für eine junge Frau, die eine Zeit lang in unserem Haushalt lebte. „Danyplussahne" ergab sich aus der Klangähnlichkeit des Namens dieser jungen Frau mit dem Firmennamen „Danone", einer Firma, die in den neunziger Jahren mit dem Werbeslogan „Dany plus Sahne" ihren ganz normalen Schokoladenpudding, den sich selbst ungeübte Köche für einen Bruchteil der Kosten des Fertigproduktes zusammenrühren können, sehr verkaufswirksam anpries.

Das Telefon klingelt. Ich hebe ab, nenne meinen Namen. Vom anderen Ende her höre ich ein langgezogenes, ein zugleich gelangweilt und angespannt klingendes, fast gehauchtes: „Jaaahh", und nach wohl dosierter Kunstpause: „Hier ist D., wie geht es dir?" Ich versichere schnell, dass es mir gut gehe und frage, wie üblich, nach dem Wohlergehen meiner Gesprächspartnerin. Gleichzeitig überlege ich fieberhaft, was D. wohl von mir will. Die damals etwa achtzehnjährige junge Frau gehörte früher zum Freundeskreis meines Sohnes und ging in dieser Zeit in meinem Haus ein und aus; ich wusste von ihren Schulschwierigkeiten und einiges über ihre Familie. Seit mehr als zwei Jahren hatte ich von ihr nichts mehr gehört oder gesehen. Ich spürte meine aufkommende Ungeduld: „Warum sagt sie nicht endlich, was sie will?", verordnete mir gleichzeitig aber die Geduld, die man von Psychologen mit sonderpädagogischen Ambitionen erwartet. Dann endlich: „Hast du noch Katzen?" Auch diese Frage konnte ich bejahen. Dann kam wieder dieses langgezogene, bedeutungsvolle „Jaaahh", und dann: „Ich wollte fragen, ob du meine zwei Katzen vorübergehend aufnehmen könntest."

Also jetzt war für mich die Sache klar: Ich hatte es mit jener Sorte von „Katzenbesitzern" zu tun, die dem Charme junger, „niedlicher" Kätzchen nicht widerstehen können, keinen Gedanken daran verschwenden, dass es sehr schnell erwachsene Katzen sein werden und völlig überrascht sind, wenn sie nach kurzer Zeit „Besitzer" von drei, vier oder mehr Katzen sind. Und mir war offensichtlich die Rolle zugedacht, Futterknecht für D.s Katzen zu werden; das „vorübergehend" in ihrer Frage nahm ich nicht ernst. Ärgerlich und mit dem Versuch, unaggressiv, gleichwohl sachlich-entschlossen zu wirken, lehnte ich ab. Beim Verbalisieren dieser Ablehnung protestierte natürlich das psychologisch-sonderpädagogische Gewissen der Katzennärrin in mir: „Du kannst D. nicht hängen lassen; du kannst die Katzen nicht hängen lassen!" Der psychologisch-pädagogische „Profi" in mir beschloss: „Du musst D. einen Weg zeigen, wie sie selbst ihre Katzen gut versorgen kann!" Dazu fiel mir auch gleich wieder ein: D. kommt aus gut situiertem Hause; die Familie besaß ein großes Einfamilienhaus mit Garten. Spielt es da eine Rolle, ob eine oder drei Katzen versorgt werden müssen?

In wohl gesetzten Worten begann ich meinen Überzeugungsversuch. D. hörte artig schweigend zu. Nach Beendigung meines Wortschwalls entgegnete sie ruhig und ohne gelangweilten Unterton: „Ich bin nicht mehr zu Hause." – Jetzt war ich es, die eine Gesprächspause einlegte, weder künstlich noch kunstvoll, sondern weil ich einfach sprachlos war, während mir gleichzeitig tausend Fragen im Kopf herumschwirrten: „Was war passiert? Was hatte das mit den Katzen zu tun? Was wollte mir D. eigentlich sagen? Was ...?" War ich zu Beginn dieses Gesprächs noch „Frau" der Lage, fest entschlossen, mich von D.s kunstvoll inszenierten Gesprächspausen nicht beeindrucken zu lassen, es auszuhalten, dass sie mich nach von ihr bestimmten Portionsgrößen informierte, es zuzulassen, dass sie mich für einfältig genug hielt, ihr Katzenproblem lösen zu wollen, so hatte sie mich jetzt völlig aus dem Konzept gebracht. Sie hatte mich zappelnd an ihrer Angel!

Ich konnte jetzt nicht mehr abwarten, was und wie viel sie mir von sich aus, in dem von ihr gewählten Tempo über ihre Probleme mitteilen wollte, ich musste fragen, schnell und viel, um D.s Probleme herausfinden zu können, um die Situation beurteilen zu können, um entscheiden zu können, was ich tun musste, wie weit ich mich aus D.s Problemen heraushalten oder in sie einklinken wollte.

In dürren Worten, fast emotionslos erzählte sie dann: Nachdem für sie klar war, dass sie das Abitur nicht würde schaffen können, hat sie die Schule geschmissen. Ihre Eltern waren über diese Entscheidung nicht erfreut, bemühten sich anschließend aber nachhaltig, für D. den Beginn einer „angesichts des fehlenden Schulabschlusses" angemessenen Berufskarriere zu arrangieren, der Vater vereinbarte für sie gegen ihren Widerstand ein Ausbildungsverhältnis zur Krankenschwester. Es gab Familienkräche. Schließlich wurde noch die Katzenmutter vom Zug überfahren. D. packte einige

Kleidungsstücke zusammen, verließ, unbemerkt von den Eltern, mit den beiden jungen Katzen das elterliche Haus, lebte seitdem zunächst „mal da und mal dort" und übernachtete jetzt „hauptsächlich bei O." in dessen Zimmer in der elterlichen Sechzig-Quadratmeter-Dreizimmerwohnung, zusammen mit den Katzen und – ihrer Überzeugung nach – unbemerkt von O.s Eltern. Hier schloss sich der Kreis zur anfänglich geäußerten Bitte an mich, vorübergehend zwei Katzen aufzunehmen. D. war sich sicher, dass O.s Eltern von ihren Übernachtungen in deren Wohnung nichts ahnten, aber sie hatte nicht mit der Katze von O.s Eltern gerechnet, die selbstverständlich sofort die fremden Katzen in ihrem Revier ausfindig machte und den Protest von O.s Eltern gegen die fremden Katzen auslöste. Die fremden Katzen mussten also aus dem Haus!

Ich konnte nie herausfinden, ob D.s Sorge um die Katzen Anlass für ihren Anruf war oder ob sie die Sorge um die Katzen nutzte, um auf ihre eigene, mir unerträglich erscheinende Situation aufmerksam zu machen. Ich vermute, dass sie es selbst nicht wusste. Sicher war, dass sie nicht bereit war, nach Hause zu ihren Eltern zurückzukehren und deshalb eine neue Unterkunft brauchte. Ich bot ihr an, vorrübergehend bei mir zu wohnen. Sie stimmte zu.

Von da an hatte ich den Eindruck, fünf Katzen im Haushalt zu haben: vier vierbeinige und eine zweibeinige, denn D.s Verhalten wies deutliche Parallelen zu dem von Katzen auf: eigenwillig, so souverän und selbstverständlich mein Haus, meinen Garten, die von mir zubereiteten Mahlzeiten nutzend, dass eine Bekannte bemerkte: „Sehen Sie, Frau Kerpa, jetzt haben Sie nicht nur einen Sohn, jetzt haben Sie auch eine Tochter." Schmeichelnd, wenn sie etwas erreichen wollte, liebenswürdig, wenn ihr danach war, fauchend, wenn ihr etwas gegen Strich ging. Sie konnte sich in den Sesseln meines Wohnzimmers zusammenrollen und genüsslich wie eine Katze schnurren. Sie kam und ging, ohne Regelmäßigkeit, ohne Rücksicht auf andere Hausbewohner. Es war für sie selbstverständlich, dass sie für nichts und niemanden Verantwortung übernahm und das von ihr ausgewählte Umfeld dafür verantwortlich war, dass es ihr gut ging. Sie verschlief gerne den Tag und war dafür, wie Katzen eben, „nachtaktiv".

Ich konnte mich stunden- und nächtelang mit ihr unterhalten und war immer wieder neu erstaunt, wenn sie mit dem Anspruch, höchst bedeutungsvolle Äußerungen von sich zu geben, banale Einsichten zu Tage förderte und diese kindlich-naiv und, nach meiner Einschätzung, realitätsfern bewertete. Ich fragte mich damals oft, was mich an D. so beeindruckte, wusste ich doch, dass sie in den Tag hineinlebte, wenig bis nichts an Vorzeigbarem zustande brachte, sich unselbständig wie ein Kind der Verantwortung anderer Menschen auslieferte und auf meine Kosten ein höchst angenehmes Leben führte. Es waren wohl ihre mir völlig fremden Kompetenzen: Sie konnte in ungewissen, durch keinerlei Zukunftsbezug geprägten

Situationen, im Hier und Jetzt, gut und offensichtlich auch glücklich leben. Sie lieferte sich der Verantwortung anderer Menschen aus, ohne je unselbstständig zu wirken. Sie konnte ihr Leben bestreiten, indem sie andere Menschen, deren Arbeitskraft und Besitz, für sich benutzte, ohne sich abhängig zu fühlen und ohne dies mit Unterwürfigkeit, dem dafür üblichen Preis, zu begleichen. Mit traumwandlerischer Sicherheit spürte sie immer wieder Menschen auf, die sich von ihr vereinnahmen ließen und treffsicher nahm sie sich von ihnen das, was sie brauchte für *ihre Lebensgestaltung.*

Gerhard Klein

Der „Willensschwache" setzt sich durch

Am 1. April ruft er morgens um halb sieben Uhr an. „Ich bin entlassen und stehe am Bahnhof in R. 60 DM habe ich mitbekommen." Während seiner Haft hatte ich ihn das erste Mal im überwachten Besucherraum der Haftanstalt gesehen.

Wie vereinbart, hole ich ihn am Bahnhof ab. Wir frühstücken etwas und fahren zu seinem Zimmer in der Obdachlosensiedlung, einem Laubengangbau.

Das Zimmer liegt neben der Gemeinschaftstoilette. Er hat noch den Schlüssel, mit dem er vor sechs Monaten hier abgeschlossen hat. Die Tür geht auf, doch das Zimmer zu betreten ist schwierig. Der Fußboden ist bedeckt mit Pappe, Papier, Flaschen, Dosen, Holzstücken, Socken, Schuhen, Kerzenresten und anderem. Wir räumen aus. Bettdecke und Kissen sind von Mäusen zernagt, die dort ungestört ihre Nester eingerichtet haben. Nachdem zwei Mülleimer voll sind, ist das Zimmer begehbar. Der Boden ist immer noch übersät mit vertropftem Kerzenwachs. Der Strom wurde schon vor der Haft abgeschaltet, weil die monatliche Miete von 12 DM nicht bezahlt war. Darum die Kerzen. Wasser gibt es nur im Untergeschoss. Dort befindet sich auch ein Automat. Füttert man diesen so lange mit Münzen, bis die ausstehende Miete bezahlt ist, dann gibt es wieder Strom.

Die nächsten Tage: Sozialamt, Arbeitsamt, Suche nach Arbeit. Bei jedem Vorstellungsgespräch kommt die kritische Frage nach der bisherigen Arbeit. Er muss seine Haftstrafe bekennen.

Rolf K. ist halbseitig leicht gelähmt. Er hinkt. Im Behindertenausweis steht außerdem etwas von „chronischer Willensschwäche".

Bei der Stadtgärtnerei findet sich schließlich ein Arbeitsplatz. Nicht optimal, denn die linke Hand kann nur schlecht eine Schaufel oder eine Hacke halten, aber immerhin, Arbeit und in absehbarer Zeit Geld. Für den Arbeitsbeginn wird vereinbart: Um 6.45 Uhr am Stadtgarten.

Nach vier Tagen frage ich bei der Stadtgärtnerei, wie es geht. „Bisher ging es gut. Heute ist er nicht erschienen." –

Am anderen Morgen fahre ich früh hin, wecke Rolf durch Klopfen und Rufen und nehme ihn mit zur Stadtgärtnerei. – Unterwegs: Er habe eben verschlafen und dann habe er sich nicht mehr getraut hinzugehen. Auch habe er gar nicht gewusst, wohin die Gruppe zum Einsatz gefahren sei. Künftig will er zwei Wecker aufstellen, einen in die Waschschüssel, damit er auch wirklich aufwacht.

Einige Tage geht es gut. Dann rufe ich morgens wieder an. Heute ist er nicht da. Ich fahre zu seiner Behausung, wecke ihn, nicht sehr freundlich, und bringe ihn zu seiner Gruppe, die macht gerade Frühstückspause im Sozialraum der Stadtgärtnerei. Zögerlich und lustlos steigt er aus und erklärt, dass er jetzt nicht reingehen mag. Er weiß, wie er von den anderen empfangen wird. Ich, naiv genug, gehe in den Raum, um dem Kapo zu sagen, dass Rolf K. da ist. Bis ich zurückkomme, ist Rolf verschwunden. – Am Abend finde ich ihn in einer Spielhalle, wie so oft. Ich versuche ihm klarzumachen, dass dies nicht der richtige Ort für ihn ist, und dass er seinen Arbeitsplatz verlieren wird, wenn er weiterhin verschläft.

Der Chef der Stadtgärtnerei ist nachsichtig und spricht noch nicht von Kündigung. Das leidige Problem des Verschlafens versuchen wir durch Umzug in ein Wohnheim für junge Erwachsene zu lösen. Der Gruppenleiter verspricht, Rolf K. zu wecken und dafür zu sorgen, dass er rechtzeitig zur Arbeit geht. Die Finanzierung dieser teuren Unterkunft ist schwierig. Das Wecken und Auf-den-Weg-Schicken klappt nicht in der erhofften Weise. Außerdem macht die selbstständige Besorgung der alltäglichen Dinge Rolf Probleme. Die schmutzige Wäsche muffelt im Schrank vor sich hin, und Schnitzel und Wurst verschimmeln im Kühlschrank. Ehe ich in den Sommerurlaub fahre, bitte ich noch einmal den Gruppenleiter, sich um Rolf zu kümmern.

Als ich nach vier Wochen zurückkomme, ist Rolf ausgezogen. Er arbeitet nicht mehr bei der Stadtgärtnerei.

In einer großen Spielhalle hat er eine Stelle als Aufsicht, Kassier und Wechsler angenommen. Seine Arbeit beginnt um 13.00 Uhr und endet um 24.00 Uhr. Es ist warm hier. Hier trifft er Bekannte. Hier ist er wer. Er hat eine wichtige und anerkannte Funktion. Viel Geld geht durch seine Hände. Mit der großen Geldtasche (Inhalt 10.000 bis 20.000 DM) schickt man ihn regelmäßig zur Bank. Mit den Spielautomaten kennt er sich bestens aus. Am Billardtisch ist er ein geschätzter Partner.

Das Problem des frühen Aufstehens ist gelöst. Der Stundenlohn ist zwar nicht hoch (damals 10,50 DM), aber die Überstunden bringen einen guten Monatsverdienst.

Eine ältere Mitarbeiterin der Spielhalle bietet ihm ein Zimmer zur Miete an. Mit der Vermieterin kauft er neue Möbel für sein Zimmer. Seine Wäsche wäscht sie auch. An keinem Tag kommt er zu spät. Er fehlt nie und ist nie krank. Die Urlaubstage lässt er sich ausbezahlen.

Fünf Jahre arbeitet Rolf in dieser Stelle, ohne einen Tag zu fehlen. Nur mit seinen privaten Finanzen kommt er nicht klar. Immer wieder bittet er um meine Hilfe. Neben der täglichen Verlockung durch die Spielautomaten kommen nun Gläubiger mit alten nicht verjährenden Forderungen. Rückzahlungen an das Arbeitsamt in Monatsraten. Ein Zahlungsbefehl, den er ohne Widerspruch einfach hatte liegen lassen, wird rechtskräftig. Für 400 DM hatte ihm vor seiner Haft ein Vertreter Bettwäsche verkauft. Diese hatte er nie erhalten, vermutlich, weil er umgezogen war und seine neue Adresse nicht mitgeteilt hatte. Über die Jahre hinweg hatte sich die Summe durch Mahngebühren und Verzugszinsen verdoppelt. Und dann die Versicherungen. Ihre Vertreter haben bald diesen verdienenden jungen Mann entdeckt. Unfall, Haftpflicht, Leben – für alles lässt er sich versichern. Leichtgläubig hofft er sein Geld in einem Jahr zu verdoppeln und erliegt immer wieder dem Sog der Vertragsformulare zur Unterschrift. Viermal konnte ich die unterschriebenen Verträge wieder rückgängig machen.

Zur Kündigung dieser Stelle kommt es schließlich durch eine verführerische Situation mit dem Geld. Ein Kunde wechselt 100 DM und lässt einen Fünfzigmarkschein am Tresen liegen, weil er zum laufenden Spielautomaten eilt. Bis er zurückkommt, ist der Schein verschwunden. Wen wundert's bei dem herrschenden Betrieb am späten Abend. Als die Polizei kommt, gesteht Rolf, dass er den Schein eingesteckt hat.

Rückblickend erkenne ich die positive Wirkung meines Urlaubs. Meine „Einwirkungen", Fürsprachen, Ermahnungen oder Kontrollen wurden durch den Urlaub ausgesetzt. Rolf fand selbst die für ihn passende Arbeit. Nie wäre ich auf die Idee gekommen, in einer Spielhalle einen Arbeitsplatz für Rolf zu suchen. Zu wenig hatte ich bedacht und bemerkt, was für eine Zumutung die Arbeit in der Stadtgärtnerei für Rolf bedeutete. Die ständigen Hänseleien der anderen Arbeiter und die körperliche Überforderung. Das morgendliche Verschlafen – war es Willensschwäche oder war es seine Art, sich gegen diese Zumutungen zu wehren? Warum ging er immer wieder in die Spielhalle? War es Spielsucht? Oder, so frage ich mich im Nachhinein, war es für ihn ein Ort, wo er akzeptiert wurde, immer wieder Erfolge hatte und ihn keiner maßregelte?

Ohne Protest hatte er alle meine Vorschläge zum Arbeitsplatz und zur Wohnung akzeptiert. Durch Verschlafen, Weglaufen oder Nichteinhalten vereinbarter Treffen entzog er sich den naiv „gut gemeinten" Absichten seines Betreuers und öffnete diesem die Augen für eine Welt, die ihm fremd war.

Karlheinz Kleinbach

Die Tücke des Subjekts – oder: Kreuzweise
(Fünf Minuten aus einem Projektvideo)

> „Und wenn die Arbeit nicht gebraucht wird?"
> „Dann wird eben Vorarbeit geleistet."
> Bouvard und Pécuchet, Gustave Flaubert

1. Text

Alles war besprochen: Am nächsten Dienstag wollten wir den Eltern unseren Beitrag für das neue Gartenhaus vorstellen und mit einem Video zeigen, wie er zustande gekommen war. Wochen zuvor hatten die Schülerinnen und Schüler der Oberstufe entschieden: Die Bodenplatte aus Beton sollte mit einem zusammengesetzten Holzrost abgedeckt werden. Die einzelnen Teile des Rostes waren quadratisch und gleich groß. So konnten wir sie in Serie aus Dachlatten fertigen: Ablängen der Latten mit der Gehrungssäge, Brechen der Kanten mit dem Handhobel, Bohren und Senken an der Tischbohrmaschine, Verbinden mit dem Akkuschrauber. Nun waren wir fast fertig. Es waren noch die einzelnen Abschnitte des Vorhabens für den Elternabend zu dokumentieren.

Deshalb arbeiten die Schülerinnen und Schüler an diesem Nachmittag einzeln oder im Team an den unterschiedlichen Arbeitsplätzen. Ich halte einzelne Arbeitschritte auf Video fest. Während ich mit der Videokamera Stefan beim Hobeln aufnehme, kündigt sich eine eigensinnige Wendung an.

2. Subtext

Für Carlo ist die Dokumentation unserer Arbeit offenbar ziemlich unwichtig. Er setzt sich für diesen Nachmittag ein anderes Ziel und findet in Wajid einen Kooperationspartner. Schließlich kann ich nur noch zusehen (Skript des Projektvideos Minute 20:02 bis 25:04):

20:02	(im Off) Wajid: He, was willst du? Carlo: Gib mal. Ich mach jetzt ein schönes Kreuz. Ich mach dann ein ... un... un... un..., das muss dann genau in der Mitte sein.	Stefan beim Hobeln der Latten. Wajid und Carlo bereiten die folgenden Arbeitsschritte vor.
21:05	Wajid: Jawohl, weiter, weiter. Carlo: Jetzt. Wajid: Geschafft.	Wajid und Carlo beim Einspannen eines Bohrers. Den Handbohrer haben sie senkrecht auf die Werkbank gestellt, Carlo dreht das Bohrfutter auf.
21:18	Wajid: Wieso? Carlo: Hat. Kann.	Zwei Latten liegen kreuzweise auf der Werkbank. Wajid hält die obere Latte beidhändig fest. Carlo setzt den Bohrer an, dreht und zieht den Bohrer heraus, er zieht das Bohrfutter nach.
21:34	Carlo: Jetzt klappt's. Wenn's durchgebohrt ist.	Carlo legt die untere Latte weg, spannt die obere Latte in die Werkbank ein und bohrt. Die Latte sitzt so tief, dass sie wegen mangelnder Handfreiheit nicht vollständig durchgebohrt werden kann.
22:02	Wajid: Musch heben. Carlo: Des is anstrengend, a geht aber 'n Loch rein.	Carlo dreht die Kurbel des Bohrers vorwärts und rückwärts, er wechselt mehrmals den Griff.

22:16	Wajid: Oh, Bohrer is kaputt. Wajid: Kana raustun? Carlo: Weiter hoch!	Carlo schaut von unten, ob der Bohrer schon durch die Latte ist. Er lässt den Bohrer stecken, öffnet die Zwinge und setzt die Latte höher. Jetzt bricht der Bohrer ab.

22:37	(im Off) Hakan mischt sich ein: Was isch? Wajid: Bohrer ab. Hakan: Mach kein Scheiß. Wajid: Doch. Carlo: Hm. Hakan: Klug bei Bohren. Wajid: Jetzt andere, komm.	Carlo zeigt Wajid den abgebrochenen Bohrer und das gebohrte Loch.
22:49	Carlo: Jetzt muss das drauf. Weiter oben. Wajid: So? Carlo: Ja, ja.	Carlo legt zwei Latten kreuz- weise auf die Werkbank, ohne sie einzuspannen. Er greift nach dem Akku- schrauber. Wajid verschiebt die oben- liegende Latte.

23:01	Carlo: Drehn richtig rum? Wajid: He, da ist der Loch! Carlo: Mann.	Mit der rechten Hand nimmt Carlo eine Holzschraube, dreht sie ein und setzt dann den Akkuschrauber an.
23:30	Wajid: Du musst das Loch rein! Na warte.	Carlo schraubt, setzt immer wieder an, der Schrauber sitzt

		nicht richtig im Kreuzschlitz. Wajid lässt die Latte los und greift nach dem Akkuschrauber. Wajid versucht nun die Schraube einzudrehen, während Carlo die Latte festhält.
23:50	Wajid: Geh weg. Carlo: Ich muss. Wajid: Lass. So. Carlo: Geht.	Carlo lässt die Latte los und greift erneut nach dem Akkuschrauber. Er kann die Schraube nun eindrehen.
24:01	Wajid: Zurück. Carlo: Die muss ganz fest haben. Wajid: Aber weg.	Beide bemerken, dass nicht nur beide Latten miteinander, sondern auch auf der Werkbank verschraubt sind. Die Schraube ist zu lang. Carlo beugt sich so über das Werkstück, dass Wajid nicht mehr drankommt. Wajid greift nach dem Akkuschrauber.

24:11	Carlo: Ja. Wajid: O. Carlo: Ich. Wajid: Ich.	Carlo zieht das Kreuz aus der Werkbank, hebt es hoch und dreht die vordere Latte. Er nimmt Wajid den Akkuschrauber aus der Hand und stellt die Drehrichtung um. Er möchte die Schraube wieder rausdrehen. Doch sie lässt sich nicht mehr rausdrehen.
24:38	Carlo: Schneller. Wajid: Der ist rausgekommen. Carlo: Will nicht.	Carlo hebt das Werkstück hoch und dreht es um. Setzt erneut den den Akkuschrauber an. Mehrmaliges Umschalten der Drehrichtung.
24:57	Wajid: Musst du so machen, war falsch, falsch. Carlo: Is egal, is egal! Wajid: Des wackelt immer noch.	Wajid greift nach dem Akkuschrauber und stellt die Drehrichtung erneut ein. Carlo trägt das Kreuz weg von Wajid und lacht.

3. Lesarten

Kooperation

Bekannt ist jene Baustelle, auf der drei Arbeiter gefragt werden, was sie denn gerade machen: „Ich hole Sand." „Ich baue eine Mauer." „Ich errichte einen Dom." Mein Vater war Bäcker. Hat mich deshalb das Pathos der dritten Antwort so beeindruckt? Auch als später theoretische Konstrukte hinzukamen, entwicklungsorientierte etwa oder solche die von Handlungsniveaustufen sprachen, blieb doch auch immer ein Unbehagen. Liegt das Einverständnis der drei Arbeiter im Sand, in der Mauer oder im Dom?

Wenig attraktiv findet Carlo die Video-Dokumentation von Arbeitsschritten für den Elternabend. Viel näher liegt ein Geschenk für seine Mutter, die zum Elternabend kommt. Die Frage, warum es gerade ein Kreuz ist, werden uns Piaget, Luria, Langeveld und allemal Freud unterschiedlich beantworten. An solchen Antworten ist Wajid, der aus einer islamischen Familie kommt, wenig interessiert, auch nicht daran, dass Carlo seiner Mutter damit ein Geschenk machen möchte. Woran dann?

„Auf eigene Rechnung"

Was denken wir Lehrer uns (aus), bei der Inszenierung von Unterricht? Jedenfalls doch dies: nicht mit leeren Händen dazustehen, sondern ein Angebot zu machen. Die Güte von Unterricht lässt sich entsprechend daran ablesen, wie viele Schüler „mitmachen". Ergreifen Kinder und Jugendliche nicht viel häufiger die Initiative als wir meinen und mitbekommen, weil wir zu sehr aufs Mitmachen schielen? Carlo und Wajid schreiben einen eigenen Text zum laufenden Geschäft. Das geht aber nur entlang meines Textes, unterhalb davon und diesem entgegen oder in dessen Schatten. Der französische Historiker Michel de Certeau bezeichnet diese unterschiedlichen Handlungsformen mit den Begriffen *Strategie* und *Taktik* (Certeau 1988, S. 87). Alltägliches Handeln wie Sprechen, Lesen, Unterwegssein, Einkaufen und Kochen haben diesen taktischen Charakter. „Und noch allgemeiner, auch ein großer Teil der ‚Fertigkeiten': Erfolge des Schwachen gegenüber dem ‚Stärkeren' (dem Mächtigen, der Krankheit, der Gewalt der Dinge oder einer Ordnung etc.), gelungene Streiche, schöne Kunstgriffe, Jagdlisten, vielfältige Simulationen, Funde, glückliche Einfälle, sowohl poetischer wie kriegerischer Natur. Diese operationalen Leistungen gehen auf sehr alte Kenntnisse zurück. Die Griechen stellten sie in der Gestalt der *metis* dar" (ebd., S. 24). Kann eine solche Unterscheidung von Strategie und Taktik unser Verständnis von Unterricht zu beleben? Solche Subtexte – Certeau nennt sie „Fabrikation" – sind dann das notwendige Gegenstück unserer zentralisierten, lautstarken Produktion von Wichtigkeiten (hier etwa das Einüben von Praktiken im Umgang mit Werkzeugen).

Unterricht wird dann zu einer Art „Kippbild". Er läßt sich – zum einen – lesen als eine Projektion unserer Vorstellungen darüber, welche kulturrelevanten Praktiken ein gelingendes Leben voraussetzt, und – zum anderen und zugleich – als die Summe jener Praktiken des Umfunktionierens aus der etwas anderen Perspektive von Kindern und Jugendlichen. So könnte man den Lehrer (und er sich selbst) begreifen als Stratege, Planer, Arrangeur von Situationen, in denen sich Schüler auch taktisch bewegen im Umgang mit dem Material und den Aufgaben. Das macht eine gründliche methodische Analyse und Unterrichtsplanung nicht überflüssig. Denn jeder, auch und gerade wer *auf eigene Rechnung* schafft, muss mit dem Material umgehen können, muss also Fertigkeiten und Kenntnisse erlernen. Wer die Texte von Klaus Giel und G.G. Hiller liest, weiß: so neu wäre eine solche Lesart nun auch wieder nicht!

Das erwachsene Lachen

Manche Abschnitte dieser Videosequenz grenzen an Slapstick: der Kampf mit den Tücken des Bohrers, des Akkuschraubers und der Senkschraube. Lehrer kennen solche Szenen. Manche von uns nähren damit ihren Zynismus, der doch nur eigenes Unvermögen zudecken soll. Der eigensinnige Schüler unterläuft, stört, stellt uns Lehrenden immer wieder Fallen, wir drohen zu scheitern, wir haben den Eindruck, alles sei umsonst auf seinem Weg zum Subjekt. Dann können, dürfen, sollen wir mitlachen. Besonders wenn man zu Ende liest: „Is egal, is egal!" – Carlo trägt das Kreuz weg von Wajid und lacht (min 24:57).

Vielleicht ist es so, dass die Tücke nicht in der konkreten Situation liegt, sondern drinsteckt in unseren Vorstellungen über das Subjekt. Die „Tücke des Subjekts" ist dabei im Genetiv des Subjekts sowie des Objekts zu lesen. Lassen wir gerade deshalb – weil wir mit eigenem Planen diese tückischen Subjekte zu zähmen trachten – nicht zu, dass Schüler „auf eigene Rechnung" schaffen?

Ohne Ankündigung oder Abmeldung ist Wajid vor wenigen Wochen mit seiner Familie nach Großbritannien verschwunden. Hoffentlich trifft er dort wieder einen Carlo für ein weiteres Kreuz.

Literatur
Michel de Certeau: Die Kunst des Handelns, dt. Berlin 1988.
Biografische und bibliografische Daten zu Certeau: http://www.certeau.de (Stand: 12.10.02)

Siegfried Klöpfer

Praxisschock?

Es ist 8.30 Uhr. In einer Schule für Menschen mit geistiger Behinderung tritt, wohl vorbereitet, die Studentin der Sonderpädagogik, nennen wir sie Simone, vor ihre Klasse. Heute ist Mittwoch, Tag der schulpraktischen Ausbildung. Die Schülerinnen und Schüler wissen das, denn es ist nicht das erste Mal, dass Studierende in ihrer Klasse zu Gast sind. So richten sich erwartungsvoll sieben Augenpaare auf Simone, um zu sehen, wie sich „die Neue" geben wird. Selbst Petra, die schwermehrfachbehinderte Schülerin im Rollstuhl, die meist mit sich und mit dem Aneinanderreiben ihrer Finger beschäftigt ist, widmet der Studentin einen Blick.

Interessiert warten auch Simones Kommilitoninnen, die Klassenlehrerin und der Ausbildungslehrer auf den Beginn des Unterrichts. Soeben ist auch der Professor eingetroffen, was Simones innere Anspannung steigen lässt. Es wird ihre erste Unterrichtsstunde in diesem schulpraktischen Seminar sein, ja ihre erste Unterrichtsstunde überhaupt, die sie mit behinderten Schülerinnen und Schülern gestaltet.

Nach einer kurzen, freundlichen Begrüßung kommt Simone schnell zum Thema der Unterrichtseinheit. Gut präpariert legt sie los. Sie berichtet und erklärt und erklärt und erklärt, fast zehn Minuten lang. Es sprudelt aus ihr heraus wie bei ihrem Referat, das sie gestern im Hochschulseminar erfolgreich gehalten hat. Aber heute ist eben nicht gestern. Es wird unruhig in der Klasse. Jochen legt sich mit dem Oberkörper auf den Tisch und schläft oder tut zumindest so, als ob er schliefe. Petra, die Rollstuhlfahrerin bricht in „hysterisches" Lachen aus. Giovanni hat sich ein Holzklötzchen organisiert und klopft nun damit in schöner Regelmäßigkeit auf seinen Tisch. Johanna und Alex, die Wortgewandten in der Klasse, versuchen den Redefluss der Studentin durch eigene Kommentare und Fragen zu unterbrechen, vergeblich. Schließlich steht Denis auf und geht zum Fenster, um zu beobachten, was sich auf dem Schulhof abspielt. Denis ist heute als Gast in dieser Klasse, seine Lehrerin ist krank.

Angesichts dieser ungeplanten, „störenden" Aktivitäten steigert Simone ihre Redegeschwindigkeit, ihre Stimme wird laut. Sie merkt sehr wohl, dass da etwas nicht stimmt, dass die Schülerinnen und Schüler „ausbrechen". Die

Beobachterinnen und Beobachter merken dies auch, nicht zuletzt an Simones Körpersprache. Sie wirkt immer verkrampfter, sie scheint den Tränen nahe. Endlich lenkt das disziplinierende Eingreifen der Klassenlehrerin das Unterrichtsgeschehen wieder in geordnetere Bahnen.

Wie gut, dass Simone differenziertes Arbeitsmaterial vorbereitet hat, das nun zum Einsatz kommt. Doch auch in dieser Phase des Unterrichts merkt sie schnell, dass sie sich in mancher Hinsicht verkalkuliert hat. Alex kann gar nicht so gut mit der Schere umgehen, wie sie vermutet hatte. Johanna empfindet, was ihr angesonnen wird, als „Babykram". Das „basale Angebot", geplant für Petra, verweigert diese, schaut es nicht einmal an. Nur Marco fährt voll ab auf die Helferrolle, die ihm zugedacht ist.

Der Unterricht neigt sich dem Ende zu. Alle sind erleichtert, dass Simone mit ihrem Vorhaben nicht völlig „baden ging". Selbst einzelne Schüler bekunden Anteilnahme an Simones Missgeschick. Beim Verlassen des Klassenraumes sagt Marco tröstend zu ihr: „Gell, jetzt bisch froh, dass rom isch!"

Nach der großen Pause findet die Nachbesprechung statt. Sichtlich geknickt sitzt Simone im Kreis ihrer Kommilitoninnen. Wie gut, dass es erst mal eine Tasse Kaffee oder Tee gibt. Das entspannt. Der Professor macht einen ganz gelassenen Eindruck. Nun ist sie an der Reihe. Sie darf sich zu ihrem Unterricht äußern. Da bricht es aus ihr heraus. „Alles habe ich falsch gemacht", sagt sie. „Von Anfang an gingen die alle in Abwehrstellung. Und mein Konzept, das ich so gut im Kopf zu haben glaubte, ist mir bei all dem Stress nur noch bruchstückhaft eingefallen. Vielleicht war ich auch deshalb so schlecht drauf, weil ich bis in die Nacht am Unterrichtsentwurf saß. Und in Gedanken bin ich doch schon bei der Soziologieprüfung, die nächste Woche stattfindet. – Trotz alledem: So hätte es nicht kommen dürfen." Und leise fügt sie hinzu: „Nach dieser Bauchlandung bin ich mir nicht mehr sicher, ob ich überhaupt für den Lehrberuf geeignet bin."

Wie soll nach einer solch schonungslosen Selbstanklage eine sinnvolle Nachbesprechung in Gang kommen? Das hat sich wohl auch der Professor gefragt, als er hörte, was Simone zu sagen hatte. Jetzt muss er die Gesprächssituation so gestalten, dass nicht noch mehr Porzellan zerschlagen, sondern der jungen Frau aus ihren Selbstzweifeln herausgeholfen wird.

Zuerst zollt er der Studierenden Respekt ob der Offenheit, mit der sie sich ihrem vermeintlichen Scheitern stellt. Dann sagt er: „Sie dürfen die Rahmenbedingungen Ihrer Unterrichtseinheit nicht außer Acht lassen. Das war Ihre erste, eigenständige Unterrichteinheit mit behinderten Schülern. In einem schulpraktischen Seminar, in dem Sie einmal in der Woche während zweier Unterrichtsstunden in einer Klasse sind, können Sie die Schülerinnen und Schüler und deren Voraussetzungen gar nicht so gründlich kennen lernen, um einen ‚perfekten' Unterricht zu gestalten. Im übrigen muss auch das Unterrichten erlernt werden; dabei dürfen Fehler unterlaufen, auch gravierende. In dem, was Sie da geboten haben, stecken gute Ansätze; und aus Ihren Fehlern können alle lernen. Genau dafür ist das unterrichtspraktische Seminar eingerichtet."

„Auf jeden Fall", so der Professor weiter, „war Ihr Unterricht sehr sorgfältig durchdacht und folgerichtig geplant. Das belegt Ihr schriftlicher Unterrichtsentwurf. Ich kann das mit Beispielen belegen …" Dann kommt er auf die problematischen Stellen der Durchführung zu sprechen. Er rät: „Achten Sie sehr genau auf Ihre Unterrichtssprache, prüfen Sie, ob das, was Sie sagen, von den Kindern in dieser Klasse auch wirklich verstanden werden kann." An Formulierungen, die er mitprotokolliert hat, kann er allen deutlich machen, dass und wie Simone über die Köpfe hinweg geredet hatte. Er belässt es jedoch nicht bei dieser Feststellung, sondern bietet überzeugende Beispiele für bessere Formulierungen an. Schließlich kommt er auf den Handlungsteil der Unterrichtseinheit zu sprechen. Er bestätigt die Studentin nachdrücklich in ihrem Bemühen, differenzierte Aufgaben und entsprechendes Material zu entwickeln und bereit zu halten, die den unterschiedlichen Bedürfnissen und dem jeweiligen Leistungsvermögen dieser Schülerinnen und Schüler entsprechen. Doch dann fragt er Simone: „Haben Sie die Aufgaben, die Sie stellten, und das Material, das Werkzeug, das Sie bereit legten, selbst ausprobiert?" Simone verneint. „Ich hab mir die Abfolge der Unterrichtssequenz theoretisch überlegt und dann zu Papier gebracht". Da lässt sich der Professor zwei Scheren geben, dazu die beiden übrig gebliebenen Arbeitsblätter, die zuvor eingesetzt worden waren. Er lässt zwei Kommilitoninnen die Figur ausschneiden, die Alex hätte ausschneiden sollen. Und siehe da, es zeigen sich Schwierigkeiten, die Simone nicht vorausgesehen hatte. So erfahren alle anschaulich, dass Selbsterfahrung im Bearbeiten von Aufgaben eine wichtige Voraussetzung für gelingenden Unterricht ist, nicht nur, wenn man es mit geistig behinderten Schülerinnen und Schülern zu tun hat.

Nach 45 Minuten sind so die wesentlichen Aspekte des Unterrichts beleuchtet. Simone hat nun deutlich weniger Zweifel an ihrer Tauglichkeit für den Lehrberuf. Fast ist sie den Schülerinnen und Schülern ein bisschen dankbar dafür, dass sie ihrer Unzufriedenheit so unmissverständlich Ausdruck gegeben hatten. Auch der Professor ist erleichtert. Nicht das Herumkritisieren an Kleinigkeiten war gefragt, es ging eher um Ermutigung durch redliches Darlegen der Stärken und Schwächen dieses Unterrichtsversuchs. Allen war klar: Diese Schülerinnen und Schüler lassen sich nie und nimmer durch Planungsüberlegungen völlig bezähmen. Das ist jedoch kein Argument gegen eine gründliche Vorbereitung. Dennoch wird jede praktische Durchführung immer ein Stück Abenteuer bleiben. Mal hat man mehr, mal weniger Glück. So bleiben Lust und Neugier auf weitere Lehrversuche erhalten, auch bei Simone.

Walter König

Wie viel wiegt eigentlich die Erde?

In den Jahren 1966 bis 1971 habe ich regelmäßig mit Studierenden des ersten Semesters bei Hermann Rieger, dem damaligen Rektor unserer Ausbildungsschule, der Eduard-Spranger-Schule, hospitiert. Ältere Kolleginnen und Kollegen erinnern sich vielleicht noch: Großraumklasse, oft mehr Studenten als Schüler, eine „unnatürliche Situation" – aber die Schüler vergessen die äußeren Bedingungen überraschend schnell.
Es ging bei Hermann Rieger immer um Elemente der Reformpädagogik. Hier habe ich Sternstunden erlebt (als Lehrer wird man bescheidener: Sternminuten) – Stunden, die ich nach dreißig Jahren noch in Einzelheiten rekonstruieren kann.
Hier eine davon – von Studierenden *protokolliert*.

4. Schuljahr, 27. Juni 1967. Gesamtunterricht im Sinne Berthold Ottos, das von Schülerfragen ausgehende Gespräch.
 Ein Schüler beginnt: „Ich möchte wissen, wie viel wiegt die Erde eigentlich?" Rufe des Erstaunens.
 „Das kann man nicht herauskriegen."
 „Man kann die Erde nicht wiegen."
 „Man kann sie nicht auf eine Waage setzen."
 „Eine so große Waage gibt es nicht."
(Warum stellt er überhaupt eine solche Frage?)
 „Man braucht eine Waage, die so groß ist, ja größer ist als die Erde."
 „Woher das Metall nehmen? Das müsste man ja von der Erde nehmen, dann ist die Erde wieder leichter."
 „Wie die Erde lupfen?"
 „Was dann auf die andere Wagschale legen, (leiser:) sonst liegt die Erde krumm?"
 „Wo stellt man eigentlich die Waage drauf, darunter ist ja auch Erde?"
Das Gespräch scheint zu versanden.
 Ein Schüler sagt: „Ich glaube, das kann man nur schätzen."

Da wirft einer ein: „Der Umfang der Erde ist ja 40.000 km – man wiegt einen Meter und dann mal 40.000."

„Nein, das sind ja km – mal 40.000.000."

„Ein Meter ist so (Schüler zeigt) – aber da ist ja noch was drum herum" (Raummaße!).

„Das ist das Äußere der Erde, aber die ist ja voll."

Ein Schüler (murmelt vor sich hin): „Ich weiß nicht, ich weiß nicht wie, aber irgendwie muss man das berechnen können."

Das Gewicht wird im Lexikon nachgeschlagen: Erstaunte Rufe.

„Aber: bleibt das Gewicht der Erde immer gleich?"

„Da wird eine große Grube ausgehoben – was man aus der Erde gräbt, liegt ja wieder auf der Erde."

„Holz wird verbrannt – aber es wächst nach."

Leider habe ich die genaue sprachliche Formulierung nicht notiert, aber sinngemäß sagt einer: Im Prinzip bleibt das Gewicht gleich.

Das Gespräch scheint abgeschlossen. Da meldet sich ein Schüler: „Die Amerikaner haben eine Rakete auf den Mond geschossen – die ist oben geblieben. Wenn sie eine Rakete in den Weltraum schießen, dann geht etwas verloren."

Man einigt sich: Im Zeitalter der Raketen kann man etwas von der Erde wegschießen, das nicht mehr kommt – das Gewicht der Erde kann sich verändern.

Ich brauche nicht zu interpretieren, was hier geschieht. Martin Wagenschein hätte seine Freude gehabt. Den Begriff *genetischer Unterricht* kannte man noch nicht.

Die Studentinnen und Studenten sind sehr nachdenklich geworden. Man denkt an die eigene Schulzeit zurück und stellt Vergleiche an. Es wird lange und lebhaft diskutiert. Grundsätzliche Fragen tauchen auf:

Wissen Lehrer eigentlich, wofür sich ihre Schüler interessieren?

Wissen sie, welche Vorkenntnisse Schüler mitbringen?

Können aus Schülerfragen Themen von Unterrichtseinheiten werden?

Bleiben in dem Bemühen um das Erreichen von Lernzielen nicht oft Spontaneität, Kreativität und Selbstständigkeit der Schüler ungenutzt – werden also nicht gefördert?

Wie kann die Schule Lernprozesse initiieren, in denen diese Fähigkeiten und Möglichkeiten genutzt und gefördert werden?

Zum Schluss stellt eine Studentin die Frage: „Ist eine solche Unterrichtssituation, wie wir sie gerade erlebt haben, nicht eine Überforderung des Lehrers?"

Im Gespräch mit Hermann Rieger kommt man zu dem Schluss: Eine Überforderung nicht, wohl aber eine Herausforderung – für Lehrer und Schüler.

Friedrich Kümmel

Stellungnahme zu einem Fall von Elternmord*

1. Der Fall,

wie er mir im Jahr 1989 aus Japan mit der Bitte um Stellungnahme berichtet worden ist: „Bei uns in Japan ist ein grausames Verbrechen begangen worden, dass ein Mittelschüler aus guter geborgener Familie seine Eltern und seine Großmutter, die ihn sehr geliebt haben, gemordet und ihnen ein wenig Geld gestohlen hat – einfach weil sie sich nicht nach seinem Wunsch gerichtet haben."

Dies ist mit wenigen Worten der Tatbestand, bei dessen Bericht ganz auf das Schockierende und Unerklärliche abgehoben worden ist. Die Frage, ob diese Mitteilung selber nicht bereits eine parteiische Darstellung ist, muss ich offen lassen. Mir fehlt alle weitere Kenntnis, um rekonstruieren zu können, was hier vor sich gegangen ist, und auch die Möglichkeit zur genaueren Nachforschung habe ich nicht. Aus dem Mangel an Einblick möchte ich jedoch den Vorteil ziehen, dass das Fehlen aller Grundlagen für die üblichen Erklärungsweisen mir die Gelegenheit zu unkonventionellen Gedankengängen gibt – mit der Einschränkung, dass alle im Folgenden gemachten Überlegungen unentscheidbar bleiben und auch nicht dazu gedacht sind, das Unbegreifliche des Falles wegzuinterpretieren.

2. Gefühlsmäßige Reaktion

Für die zu erwartende gefühlsmäßige Reaktion ist das Nichtverstehenkönnen eines solchen Vorkommnisses bestimmend. Das grausame Verhalten des Jungen „aus guter geborgener Familie" erscheint „unmöglich", es sprengt den Rahmen der Erwartbarkeit und stößt ab. Weder passt es in Nor-

---

* Die von mir erbetene Stellungnahme zu einem Fall von Elternmord ist in japanischer Übersetzung erschienen in: Unkenntnis der Eltern, Unkenntnis der Kinder. Hiroike-Schule Kashiwa-shi, Chiba-ken, Japan 1990, S.138-157. Sie wurde für diesen Beitrag gründlich überarbeitet und gekürzt.

men der sozialen Umwelt, noch entspricht es der, wie es heißt, dem Jungen entgegengebrachten Liebe. Der Vorfall passt nicht in das Bild einer guten Familie, er lässt sich hier nicht einmal denken und kann nur als völlig unerklärlicher Zwischenfall behandelt werden.

3. Logisch-anthropologische Vorüberlegung

Will man die Möglichkeit einer Beziehung zwischen den guten Verhältnissen und dem grausamem Verbrechen nicht überhaupt in Abrede stellen, so ist die aufbrechende Diskrepanz das eigentlich zu erklärende Phänomen. Man darf es sich damit nicht zu leicht machen, indem man in der Familie ein verborgenes Übel vermutet, das in der jugendlichen Mordtat seinen symptomatischen Ausdruck gefunden hat. Ebenso unangebracht wäre es, die Schuldlast von vornherein dem Jungen anzulasten und ihn für seine Untat verantwortlich zu machen.

Obwohl man geneigt ist, auf der einen und/oder anderen Seite eine Schuld zu suchen, kann es bei der Analyse des Falles nicht in erster Linie darum gehen, wer bzw. was hier zu belasten ist und welche Seite sich entlasten kann. Das Verhältnis von Täter und Opfer ist grundsätzlich nicht einseitig auflösbar und lässt auch bezüglich der Schuldfrage keine eindeutige Zurechnung zu[1].

Wenn man also nicht einfach unterstellt, dass die familiären Verhältnisse entgegen ihrem guten Ruf schlecht waren, und auch nicht davon ausgehen kann, dass der Junge ein „Unmensch" ist, muss die aufbrechende Diskrepanz als solche zum Thema gemacht werden, gleich ob man für sie eine Erklärung findet oder nicht. Natürlich ist sie durch die Tat des Jungen aufgebrochen, doch selbst wenn dieser ein „Unmensch" wäre, muss er sich noch zu den Menschen zählen lassen und bringt er mit ihr eine Möglichkeit des Menschseins zum Ausdruck.

Die eigentliche Frage läuft also darauf hinaus, ob das Aufbrechen einer solchen Diskrepanz verstehbar werden kann, auch wenn es innerhalb der gegebenen Denkrahmen keine Erklärung mehr findet. Was menschenmöglich ist, geht aber nicht nur über die Denkrahmen hinaus, es betrifft auch diese selbst am meisten. Menschenmöglich und an der Tagesordnung ist zum Beispiel die rationale Selbstrechtfertigung unter Übergehung des Mitgefühls; ein Autoritätsgehorsam, der zum Unmenschlichsten fähig ist; ein unbewusst-zerstörerisches Tun und das Abschieben jeder Verantwortung dafür usw. Was darin zum Ausdruck kommt ist die Befangenheit in sich, die noch allemal gewissenlos gewesen ist.

---

[1] Vgl. dazu meinen Aufsatz über „Gewalt, Normen und Gegengewalt. Überlegungen zur Lösung des Gewaltproblems"; erschienen in: Rundbrief der Lehrergilde – freier pädagogischer Arbeitskreis e.V., April 1993, Heft 1/2, S. 70-107. Es handelt sich um die Ausarbeitung eines Vortrags, den ich auf der Sommertagung der Lehrergilde auf Schloss Schwanberg vom 3. bis 9. August 1992 gehalten habe.

Logisch kann man daraus folgern: Dass „so etwas" vorkommen kann, lässt auch in Verbindung mit der Analyse vieler Fälle keine verallgemeinerbaren Aussagen und noch weniger eine Prognose zu. Auch wenn es derartige Vorkommnisse gibt, sind sie nicht antizipierbar und werden auch hinterher nicht wirklich einsehbar. Wie immer erklärbar gemacht und erklärt, bleibt die Mordtat ein plötzlicher Einbruch in die heile Welt und löst Entsetzen aus.

Als anthropologische Gegebenheit formal gefasst, handelt es sich um ein Verhältnis des Nebeneinanderbestehens und schicksalhaften Verkoppeltseins heterogener Aspekte, die ineinander umschlagen, aber nicht ineinander aufgehen können. Es ist hier etwas verkoppelt, was sich nicht zusammendenken lässt und gleichwohl zusammenbesteht. Jeder Versuch, eine solche in ihrem Widerspruch paradox erscheinende Verhältnisbestimmung mittels säuberlich trennender Kontexte doch wieder nach der einen oder anderen Seite hin aufzulösen, produziert Missverständnisse des hier waltenden Zusammenhanges und bedeutet einen Schritt in die falsche Richtung.

Ich möchte dies am Wortpaar „Freund – Feind" ganz schematisch zu zeigen versuchen. Die Tat des Jungen ließe sich noch am ehesten im Kontext der „Feindschaft" verstehen und könnte, wenn es sich bei seinen Opfern in der Tat um Feinde gehandelt hätte, auch sozial akzeptabel erscheinen, ja unter Umständen rühmenswert sein. Ganz anders aber sind die Kontexte „Freundschaft" und „Familie" normiert. Was dem Feind gegenüber möglich und unter Kriegsumständen sogar gefordert ist, wird hier strikt ausgeschlossen. Es entspricht nicht den Erwartungen und passt nicht in die hier gewünschte, durch Liebe und Solidarität bestimmte Gefühlslage hinein.

Und doch weiß jeder, dass das emotionale Klima der Familie und die seelische Befindlichkeit des Einzelnen dem Bild einer heilen Welt kaum je entspricht. Auch wenn man sich nicht gerade umbringt, kann man das seelische Klima als hart und das gewöhnliche Familiendrama als mörderisch empfinden. Für die grausamen Aspekte gibt es nicht nur in der alten Großfamilie, sondern auch noch in der modernen Kleinfamilie Beispiele genug.

Fazit: Die Trennbarkeit der semantisch-normativen Kontexte „Freund" und „Feind" gilt offenbar nur für das Werturteil und seine Logik, während in der Praxis sich die Grenzen verwischen und Freund und Feind nahe beieinander liegen, ja unversehens ineinander übergehen können. Deutlich wird dies in Fällen, wo die Einstellungen, Wertungen und emotionalen Klimata sich wandeln und – sei es schleichend oder abrupt – eine andere, zunächst verdeckte Seite der Sache auftaucht. Unglücklich verlaufende Liebesbeziehungen oder Ehescheidungen geben hinreichendes Anschauungsmaterial für derartige Prozesse des Umschlages von Liebe in Hass und – seltener – auch der Rückverwandlung von Hass in Liebe.

In eine ganz andere Richtung weist Jesus, wenn er davon redet, dass „des Menschen Feinde seine Hausgenossen sind" (Mt. 10,35) und die Kinder entgegen aller Pietät dazu kommen, ihre Eltern zu hassen (vgl. Lk.

12,53 [2]). Hier handelt es sich nicht um den Umschlag der Gefühle, wie jeder ihn kennt, sondern um die Notwendigkeit der Ablösung aus den Bindungen und Erblasten der Vergangenheit, soll menschliches Leben auf eine höhere Stufe von Bewusstheit, Liebesfähigkeit und Freiheit kommen können. Auch im Zenbuddhismus wird von der „harten" Realität zwischenmenschlicher Beziehungen ausgegangen: dass Zwei, die nicht unter einem Dach wohnen können, dennoch Seite an Seite zusammenleben müssen, und auch hier wird mit dieser Einsicht ein Fortschritt in der Menschwerdung des Menschen verbunden [3].

Die kategoriale Unterscheidung von „Freund" und „Feind" ist damit nicht aufgehoben, aber doch ein enges Nebeneinander, ja eine Personalunion beider angenommen – und dies nicht nur im Ausnahmefall, sondern als die Regel. Wenn das richtig ist, verlangen Freund und Feind im Prinzip eine Gleichbehandlung und das heißt, man muss gleichzeitig dem einen wie dem anderen Aspekt Rechnung tragen. Wie das gehen soll, ohne die „gute" Seite zu verletzen und die „schlimme" zu verharmlosen, ist das eigentliche Problem.

Und doch muss man diesen Schritt tun, ob man will oder nicht. Jeder Versuch, die wertverschieden schematisierten Kontexte getrennt zu halten und sich entweder nur am Freundbild oder nur am Feindbild zu orientieren, wird der wirklichen Sachlage nicht gerecht. Und nicht nur das: man muss einen hohen Preis für ein solches Denken zahlen.

Psychologisch: Ein wertend-trennendes Denken verführt zur maßlos werdenden Projektion der Bilder und in Verbindung damit zur Blindheit gegenüber den wirklichen Gefühlen und Verhältnissen.

Politisch: Wollte man die gemischten Lagen im Sinne eindeutiger Wertung bereinigen, so würde dies auf den Dualismus einer „guten" und einer „bösen" Welt hinauslaufen, aus dem noch allemal die schlimmsten Kriege hervorgegangen sind. Man kommt durch die Dichotomisierung aus der Gegensätzlichkeit nicht heraus, ja noch viel tiefer in sie hinein. Der aufgestellte Wertungsgegensatz und die mit ihm verbundene Kontrastierung macht den Streit allererst unversöhnlich.

Prinzipiell: In der Beziehungswirklichkeit ist eine „Lösung durch Trennung" genau besehen gar nicht möglich, so dass nur noch der Tod eine trennende Lösung zu bieten scheint. Aber auch er tut diesen Gefallen nicht, wiewohl er bis hin zum Mord die Illusion nährt, als könne man sich von der „anderen Seite" lossagen und sie zum Verschwinden bringen. Doch alles, was unter dem Boden ist, erfährt eine Auferstehung.

---

[2] Die Äußerung steht redaktionell im Zusammenhang mit den Reden über die Endzeit, wo alles drunter und drüber geht. Doch kann davon ausgegangen werden, dass Jesus noch einen anderen Sinn mit verbunden hat. Die Möglichkeit zur Nachfolge wird an die Ablösung von den Eltern bzw. der Herkunft geknüpft. Es gibt hier offensichtlich zwei nicht kompatible Ordnungen der Dinge, eine „alte" und eine „neue", die völlig verschiedene Nenner haben.
[3] Vgl. Keiji Nishitani: On the I-Thou Relation in Zen Buddhism. In: The Eastern Buddhist. New Series. Vol II, No. 2, November 1969, pp. 71-87.

Alle Gesichtspunkte zusammen verlangen ein Umdenken oder mit anderen Worten die Anwendung einer anderen Logik. Ein zwei-seitiger, die wertverschiedenen Kontexte grundsätzlich nicht trennender Umgang ist indes nicht leicht zu lernen. Es verlangt den Verzicht auf vereinfachende Alternativen und trennende bzw. ausscheidende Verfahren, wie sie der zweiwertigen Logik eigen sind und im Zeichen des Todes – aber auch nur in ihm – auch eine zeitlang Anwendung finden können. Ohne sie glaubt der rationale Verstand und der common sense nicht auskommen zu können und macht sich lieber selbstblind, als dass er zu einem Umdenken bereit wäre. Das eigentliche psychologische und ethische Problem ist so lange noch gar nicht berührt, denn hier ist Trennbarkeit in Wirklichkeit gar nicht gegeben, auch wenn normatives Denken in seiner Struktur zweiwertig bleibt und die Gegebenheiten dementsprechend schematisiert.

Jede weiterführende Einsicht und Praxis muss von der prinzipiellen Nicht-Trennbarkeit der gekennzeichneten Sachverhalte ausgehen und auf dieser Grundlage nach möglichen Lösungen Ausschau halten. Die Schematisierung mit „gut" und „böse" ist dazu nicht hilfreich, ja schädlich, denn in einer solchen Indizierung äußert sich bereits eine problematische Verkennung seiner selbst und des Anderen. Auf den Menschen und die Welt im ganzen angewendet, ist eine solche Frage ohnehin nicht mehr beantwortbar.

Ein die Gefühlslagen betreffender Ausdruck der zwei-seitigen Struktur ist die Ambivalenz, die von verschiedenen Autoren zum Schlüsselprinzip psychologischer Erklärung gemacht worden ist. Auch wenn die soziale Welt bestrebt ist, die Kontexte reinlich zu scheiden und „Krieg und Frieden", „Freund und Feind", „Gut und Böse" etc. säuberlich auseinander zu halten, handelt es sich in Wirklichkeit doch um eng zusammenhängende Sachverhalte. Das tatsächliche Geschehen spielt die unterschiedlichen Kontexte ineinander und lässt sich grundsätzlich nicht auf dem einen oder anderen Nenner verrechnen. Nicht nur für das Ganze, sondern auch für jede Seite ist eine doppelte Belichtung angebracht [4].

Der erste Schritt zur Weiterentwicklung der ambivalenten Lage besteht in ihrer vorbehaltlosen Anerkennung. Man muss darauf verzichten, innere Widersprüchlichkeit durch semantische, logische und normative Kontextunterscheidung aufzulösen. Was hier getrennt erscheint und als Idealfall erträumt bzw. als Horrorvision prostituiert wird, ist in Wirklichkeit ungetrennt und muss aus guten Gründen auch beisammen bleiben.

Es kann nun aber nicht darum gehen, das Phänomen des Nebeneinanderbestehens und Ineinanderspielens von Sichausschließendem: den „Menschen mit seinem Widerspruch" auszuloten, denn darüber liegt eine Decke, unter der sich ein Geheimnis verbirgt. Die abgründige Sachlage verstehen zu wollen kann fürs erste nur heißen, sie anzuerkennen und die ihr gemäßen Folgerungen zu ziehen.

---

[4] So wird von Jesus das Augenmerk auf die Selbstgerechtigkeit und Heuchelei der „Guten" gelenkt.

4. Dilemmata der Verarbeitung

Nach heute gängigem Denkmuster führt der hier diskutierte Vorfall fast zwangsläufig zu der Annahme, dass in der Erziehung des Jungen etwas falsch gelaufen sein muss. Man ist geneigt, den Fehler vor allem bei den Eltern zu suchen und des weiteren der Gesellschaft anzulasten. Aber gleichzeitig ist im faktischen Verhalten dem Jungen gegenüber noch immer die ältere Einstellung unterschwellig wirksam, die diesem die Tat anlastet und ihn als „Elternmörder" stigmatisiert, auch wenn das Jugendrecht keine Strafe mehr vorsieht und er den Schutz des Kindes genießt.

Hinsichtlich der Frage, auf welcher Seite der Fehler zu suchen ist, bleibt es somit bei einer nicht bereinigten Doppelbödigkeit in der Reaktion. Dies gilt auch dann noch, wenn sich für ein aufgeklärtes Bewusstsein der Zwiespalt wenigstens theoretisch auflösen lässt und davon ausgegangen wird, dass alternativ zu fragen und das Versagen einseitig dem Kind oder seinen Eltern anzulasten grundsätzlich nicht angemessen ist. Es sind immer Zwei im Spiel, und zweierlei wird verhandelt. Was der eigene Anteil ist, wird aber auch bei dieser grundsätzlich richtigen Einsicht zur Verlegenheit, auf die man die Antwort gerne schuldig bleibt. Nach wie vor besteht das missliche und kaum je eingestandene Dilemma, dass man zwar theoretisch geneigt ist, die Familie zu belasten, praktisch aber doch das unselige Kind die Folgelasten tragen lässt. Schon die Sprache, die – in einem Sinne völlig zurecht – von dem begangenen „Mord" und der „intakten Familie" spricht, enthält eine einseitige Wertung mit der Tendenz, das Individuum zu belasten und das soziale Ganze zu schützen.

Auch die wissenschaftliche Analyse des Falles kann sich von einer solchen Tendenz nicht überhaupt frei machen und eine „Umwertung aller Werte" vollziehen. Auch hier ist das Dilemma offensichtlich und spitzt sich noch zu: Man durchschaut die sozialen Verarbeitungsmuster, kann die Tat aber auch nicht auf dem Individuum verrechnen, das zu einer „black box" des Unbegreiflichen wird. Zudem reicht die psychologische und biographische Kenntnis nicht aus, um für eine so unverhältnismäßig erscheinende Handlungsweise eine Erklärung finden zu können. Es bleibt also auch hier beim Schock, den man zu neutralisieren versucht und der sich doch nicht so leicht überwinden lässt. Was aus allen Rahmen herausfällt, kann nur noch von einem abstrakten Glaubenssystem her eine ebenso abstrakt bleibende Antwort erhalten, die, auch wenn sie befriedigend erscheint, keinem etwas nützt. Die Entlastung gelingt – und gelingt doch nicht.

5. Suche nach hilfreichen Einsichten

Nur andeutungsweise möchte ich ein paar Denkansätze durchspielen, an denen psychologische und pädagogische Überlegungen sich orientieren können. Dabei muss offen bleiben, ob sie auf den hier diskutierten Fall anwendbar und für sein Verständnis hilfreich sind.

Das von Durkheim theoretisch entwickelte Grundmuster „soziale Ordnung *versus* Anomie", das der uralten Distinktion von zu bewahrendem Sein und auszuschließendem Chaos entspricht, lässt die eine Seite des Gegensatzes – das Chaotische – unbestimmt, während allein die andere – das soziale Sein – bestimmt ist und bestimmbar erscheint. Das so Ausgeschlossene, unbestimmt Belassene lässt sich mit jeder Art von negativem Gehalt füllen, während die affirmierte Seite prinzipiell nur positiv sein kann. Schon vermöge seiner logischen Struktur ist ein derartiges, dichotom wertendes Erklärungsmuster auf nähere Einsicht gar nicht angewiesen. Bestimmend für sein Zustandekommen ist allein die undifferenzierte Gefühlsreaktion, die die Welt zweiteilt und einerseits das Schaudern und Entsetzen vor der bösen Tat, andererseits die Identifikation mit den armen Opfern und dem größeren Ganzen zur Folge hat. Inkommensurables wird auf diese Weise abgestoßen oder zwangsweise kommensurabel gemacht.

Deutlich ist, dass dieses Modell für die tatsächlich gegebenen Verarbeitungsmuster nach wie vor einen hohen Erklärungswert besitzt. Der Sache selbst ist damit aber nicht gedient, weil ein emotional und wertend aufgeladener Begriff der „Anomie" sich anthropologisch gar nicht einlösen und psychologisch nicht beschreiben lässt. Der „anomische Mensch" bleibt ein weißer Fleck auf der wissenschaftlichen Landkarte, auch wenn es ihn in der Literatur, bei Hobbes, oder im Schreckgespenst der alltäglichen Angst durchaus gibt. Das tatsächliche Auftreten eines anomischen Verhaltens kann dann nur noch als brutum factum hingenommen und ebenso gewaltsam unterdrückt werden. Solange es jeden Rahmen sprengt, kann es grundsätzlich nur destruktiv erscheinen, und nichts mehr spricht für seine mögliche Sinnhaftigkeit. So wenig die Anomie der sozialen Ordnung dienen kann, kann der anomische Mensch Rechtfertigung für sein Verhalten finden. Man kann also getrost wieder zur Tagesordnung übergehen.

Einen anders gepolten Bezugsrahmen bieten gesellschaftskritische Theorien an, in denen die umgekehrte Tendenz besteht, die gesellschaftlichen und familiären Verhältnisse zu belasten und den Einzelnen freizusprechen, der als Produkt und Opfer seiner Umwelt gilt. Auch für eine solche Auffassung gibt es gute Gründe, so dass sie für ein aufklärerisches Bewusstsein den größeren Erklärungswert besitzt. Nicht zu unterschätzen ist ihr ethischer Impetus, denn das Bewusstsein der Mitverantwortlichkeit wächst in dem Maße, in dem auch die „andere Seite" gesehen wird und der Einzelne nicht mehr einfach den Verhältnissen unterworfen wird. Und doch macht man es sich zu leicht, wenn das Zurechnungs- und Wertungsschema lediglich umgepolt wird. Die Gesellschaft lässt sich immer leicht anklagen, weil sie an ihrer Kritik nicht wie der Einzelne zerbricht.

Anthropologisch aufschlussreicher ist eine Variante dieser Auffassung, die das Augenmerk auf die vorherrschende materielle Orientierung lenkt. Sie geht davon aus, dass eine solche Orientierung zwar für die Produktion, den Austausch und den Konsum von Waren förderlich ist, die zwischenmenschlichen Beziehungen aber verarmen lässt. Damit hängt zusammen, dass man keine Zeit mehr für die Kinder hat und diese zur Entschädigung mit nutzlosem Spielzeug oder noch problematischeren Geräten überschüttet. An die Stelle des Miteinanderseins tritt eine Habensorientierung, die alles an sekundären Standards misst und die Aufmerksamkeit beständig nach außen zieht. An die Stelle ereignisreicher Kommunikation treten veräußerlichte Umgangsformen und Ersatzbefriedigungen, die keine Erfüllung in sich selber haben und mit dem inneren Maß auch die äußere Grenze verlieren. Verfehlt wird so der innere Kontakt, ohne den ein seelischer Austausch nicht möglich ist. Daraus kann für den Einzelnen leicht eine gefährliche Situation entstehen, denn gerade weil innerlich nichts mehr passiert, wird äußerlich alles und auch das Unmögliche noch möglich. Der Zustand der Anomie ließe sich in diesem Kontext so erklären, dass ohne den inneren Kontakt auch der äußere Rahmen sich auf die Dauer nicht aufrechterhalten lässt. Ist der innere Hof des Hauses nicht befriedet, so gehen trotz starker Mauern bald die Räuber aus und ein.

Mit der Kritik an der materialistischen Einstellung wird häufig die Kritik an einer zu permissiven Erziehung verbunden, die keine Grenzen setzt und es den Kindern unmöglich macht, sich zu orientieren. In der Tat besteht zwischen der materiellen Einstellung und einer permissiven Erziehung ein Zusammenhang; es liegt nicht nur an der Bequemlichkeit der Eltern. Der Mangel an innerem Kontakt führt ganz von selbst dazu, dass auch das Laisser-faire auf die Dauer ebenso wenig befriedigen kann wie das Materielle. Erschwerend kommt noch hinzu, dass ein Kind für das, was es bekommt, nicht arbeiten muss und insofern auch noch das für die materielle Orientierung bestimmende „Realitätsprinzip" außer Kraft gesetzt ist. Wenn die soziale Umwelt keinen Widerstand mehr bietet, wird verständlich, dass bei einem Kind, das alles bekommt, was es haben will, auch – wie in dem Bericht angedeutet wird – schon die geringste Versagung eine heftige Reaktion auslösen kann. Der Mangel an seelischer Beziehung tut ein übriges, um ein so erzogenes Kind gewalttätig werden zu lassen, wenn etwas nicht nach seinen Wünschen geht.

Zu den stärker auf die seelische Ebene fokussierten, tiefenpsychologisch orientierten Ansätzen gehört das Konzept der Überbemutterung, durch die der Freiheitsraum des Kindes allzu sehr eingeschränkt wird. Dies führt alsbald zu Versuchen des Kindes, sich aus der „tödlichen Umarmung" zu befreien. Weil aber die aus der Enge erwachsende Aggression gegen die übermächtig erscheinende Mutterfigur nicht aufkommen kann, wird sie auf dritte, weniger zentrale Bezugspersonen wie Lehrer, Nachbarn, Spielkameraden etc. abgeleitet. Eine Rebellion gegen die Zentralfigur selbst würde nicht nur Angst, sondern auch Schuldgefühle hervorrufen und umso mehr in den Teufelskreis innerer Unterwerfung hineinführen. Eine sich daran anschließende Fehlentwicklung wird noch dadurch begünstigt, dass die überbemutternde Person ja nicht hart und fordernd erscheint, sondern gewährend ist, so dass es nicht möglich ist gegen sie anzugehen, ohne sich an ihr zu versündigen. Aus den genannten Gründen wird aus einer solchen Konstellation heraus wohl kaum ein Elternmord resultieren, wenn nicht noch andere Faktoren hinzukommen, die das bei aller Enge doch sehr stabile dyadische System zum Kippen bringen.

Ein solcher hinzukommender, ebenfalls von der Psychoanalyse betonter Faktor liegt im Erfordernis einer gesunden Ichentwicklung, die in der geschilderten Abhängigkeitsbeziehung nicht möglich ist. Im Kind fehlt dann ein wesentlicher „Organisator" (René Spitz), ohne den es seine eigene Psyche nicht ordnen und beherrschen lernen kann. Von daher könnte man vermuten, dass anomisches Verhalten auch in einer Ichschwäche und psychischen Desorganisation seinen Grund haben könnte. Das Problem ist, dass ein solcher Mangel nicht von außen her kompensiert werden kann, weil der soziale Rahmen – und auch das eingebaute Überich – die Ichkontrolle zwar bekämpfen, aber grundsätzlich nicht ersetzen können.

Das grausame Handeln des Jungen signalisiert keineswegs das Fehlen jeglichen Mitgefühls. Es unterliegt einem durchaus rationalen Konzept, das es erlaubt und legitimiert, aufkommendes Mitgefühl zu neutralisieren. Mitfühlen zu können ist eine natürliche Eigenschaft alles Lebendigen. Ausschlaggebend für das menschliche Verhalten scheint jedoch die Stellungnahme aufgrund rationaler Erwägungen, eigener Bedürfnisse und tiefliegender Abhängigkeiten zu sein. Die Reife einer Person bemisst sich nicht so sehr am Haben von Mitgefühl, sondern vielmehr an der Bereitschaft, dieses auch zuzulassen und eigener Einsicht zu folgen, auch wenn es Gründe gibt die dagegen sprechen. Erst wenn man beide Seiten: die Fähigkeit zum Mitgefühl und die Ich-Stellungnahme zusammensieht, wird verständlich, wie es zwischen fühlenden und liebenden Menschen, zwischen engsten Angehörigen zur unversöhnlichen Feindschaft kommt.

6. Und nun?

So wie der vorliegende Fall mir berichtet wurde, lässt sich die Schreckenstat des Jungen nicht auf die familiären Verhältnisse und/oder akute Erziehungsschwierigkeiten zurückführen. Es ist von keiner äußeren oder inneren Notlage die Rede, und für eine Fehlentwicklung des Kindes scheint es keine Anzeichen zu geben; auch fehlt jedes Vorzeichen für das Begehen einer solchen Tat. Und doch muss sie ihre Gründe gehabt haben, auch wenn es aus bekannten Daten keine Möglichkeit zur Erklärung für sie gibt und die davon betroffene Mit- und Fachwelt sich ihre Ratlosigkeit eingestehen muss.

Wenn aber weder das äußere Milieu noch der innere Zustand genügend Erklärungskraft besitzt, muss der Gesamtrahmen, in dem die Sache zu betrachten ist, erweitert werden. Damit diese Erweiterung nicht Spekulation bleibt, ist es nötig, über die wissenschaftlich anerkannten Erklärungsmuster hinaus weiterreichende Zugänge zur Vergangenheit des Sozialen und der Individualseele zu erschließen. Dazu möchte ich zum Schluss noch ein paar Andeutungen machen.

Obwohl der Junge wie jedes lebende Wesen empfindungs- und fühlfähig ist, hat die Entwicklung zum Fein- und Mitgefühl bei ihm offensichtlich noch nicht stattgefunden. Das mag an mangelnder Ichintegration liegen, es kann aber auch dem phylogenetisch und ontogenetisch jungen Alter seiner Seele zuzuschreiben sein [5]. Wie die Tat beweist, gibt es zwar von Seiten des Ich schon eine Selbstkontrolle, die jedoch durch stärkere Triebimpulse jederzeit durchbrochen werden kann. Die zunächst durchaus erfolgreiche Verbindung von Ichbehauptung und seelischer Primitivität (hier nicht im wertenden Sinn des Wortes gemeint) wird durch einen rationalen Habitus begünstigt, wie er bereits dem schlauen Wilden eignet, durch unsere gegenwärtige Zivilisation aber noch viel ausgeprägter kultiviert wird. Man könnte in diesem Sinne von einem „zivilisierten Wilden" reden, dem gegenüber der archaische Wilde im 18. Jahrhundert noch als der „bessere Mensch" erschienen ist. Seelische Unterentwickeltheit in Verbindung mit hochentwickelter Rationalität ist zwar durchaus in der Lage, technische Probleme zu lösen, für die Befriedung des Menschen und seiner Welt aber reicht es keineswegs aus. Ein derartiges, kulturspezifisch angebotenes Amalgam kann vor allem für junge, noch nicht entwickelte Seelen verfänglich werden, wenn sie abrupt mit den modernen Lebensbedingungen zusammentreffen.

Für die entwickeltere Seele führt die Verbindung von seelischer Primitivität und entwickelter Rationalität zu einem „Unbehagen in der Kultur" (S. Freud). Ein solcher Mensch hat es nicht mehr so leicht, nach außen hin die Fäden abzuschneiden und die inneren Bezüge zu vernachlässigen. Entwickelter nenne ich eine Seele, die ihre unbewussten Verarbeitungsweisen wahrnimmt und zum Beispiel nichts mehr verdrängt, weil sie eingesehen hat, dass das Verdrängte das Allgegenwärtige ist und in verdeckter und verdrehter Form seinen Weg nach außen findet, ob man will oder nicht. Auch anderen destruktiv werdenden seelischen Inversionen wie Depression, Neid und Eifersucht ist sie schon mehr gewachsen, weil sie die Lektion gelernt hat, mit allem nach außen zu gehen und eben dadurch auch tiefer in sich hineinzukommen ohne Bewusstseinsverlust. Aus dieser „Ge-

---

[5] „Junge Seele" nenne ich eine Seele, die noch nicht durch ihren eigenen Tod hindurchgegangen ist und deshalb auch nicht weiß, dass sie einen solchen überlebt. Eng mit dem sterblichen Leib verbunden, verträgt sie nicht die Berührung des Todes und hat vor dem Sterben Angst. Mit anderen Worten steht sie noch vor der Wandlung, wie sie in den alten Initiationsriten systematisch vorbereitet worden ist. Der früher oder später anstehende „Tod" der ersten Seelenform wird gemieden, weil sie glaubt verrückt zu werden oder zu versinken in einem „schwarzen Loch".
Voll entwickelte, reife Seelen beweisen an dieser Stelle mehr Mut und Besonnenheit, weil sie um ihr Überleben wissen. Sie werden auch in extremen Lagen nicht wie unwissende Seelen unberechenbar und sind nicht mehr von Verstand abhängig, der sie kontrollieren soll und doch nicht bändigen kann. Erst einer reifen, voll entwickelten Seele glätten sich die Wogen, und erst für sie ist ein Verhalten, wie der Junge es zeigt, unmöglich geworden. Aber auch die grausamen Aspekte der Mysterien und Initiationsriten alter Kulturen haben für sie ein Ende gefunden.

sundheit" kann aber leicht wieder eine Krankheit werden, wenn die Versagungen systemisch sind und die aggressiven Impulse keinen konkreten Adressaten mehr finden.

Der nächste Schritt zur menschlichen Integrität könnte darin liegen, dass, was menschenmöglich ist, jeder bei sich selber finden kann und keine Verurteilung mehr gerechtfertigt ist. Dies alles kann nur angeschaut werden, wenn der Einzelne bereit ist die volle Verantwortung für sich zu übernehmen[6]. Der gewöhnliche Mensch und die gesellschaftliche Praxis sind von einer solchen Bereitschaft noch weit entfernt.

...

Weder sind mit solchen Überlegungen das Kind und seine Eltern freigesprochen, noch wird was geschah ihnen im moralischen Sinne zur Last gelegt. Die nicht ausbleibende juristische Verfolgung des Falles ist das Eingeständnis der Tatsache, dass auch dort noch gehandelt werden muss, wo es weder für das freigesprochene noch für das verurteilte Tun und Lassen anerkannte Gründe und Erklärungsmöglichkeiten gibt. Einen solchen Fall, auch wenn er nicht mehr zu ändern ist, einfach hinzunehmen genügt nicht dem eigenen Bedürfnis und liegt noch weniger im Interesse der Aufrechterhaltung der sozialen Ordnung. Und doch sitzen Fälle wie dieser nicht nur dem einzelnen Menschen, sondern der ganzen Menschheit wie ein Pfahl im Fleisch. Weil ein jeder sich beim Menschenmöglichen betreffen kann und dies im Grunde auch weiß, wenn er ehrlich ist, erscheint es im menschlichen und, wie Paulus meint[7], auch im göttlichen Sinne nicht ratsam, den Pfahl aus dem Fleisch wegzunehmen. Ein Verwerfungsurteil aber ist in keinem Falle angebracht.

---

[6] Vgl. dazu meine Abhandlung über „Verantwortung und Selbstverantwortlichkeit. Der Begriff der Verantwortung als sozial-rechtliche und religiös-ethische Kategorie" (28 Seiten). Eine kürzere englische Fassung wurde auf dem achten Kyoto Zen Symposium vom 9. bis 14. März 1990 vorgetragen und ist abgedruckt in: Zen Buddhism Today. Annual Report of the Kyoto Zen Symposium No. 8, October 1990, pp. 11-32 Das Heft wurde veröffentlicht vom Kyoto Seminar for Religious Philosophy am Hanazono College, Nakakyo-ku, Kyoto, Japan (ISSN 0912-8298).

[7] Vgl. 2. Korinther 12, 7-10.

Wolfgang Lipps

Die Wendeltreppe

Jürgen war einer von denen, die als Schüler durch die Maschen der Schulpflicht gefallen waren. Nach dem Besuch einer wohnortnahen Geistigbehindertenschule und nach seiner Umschulung in die zuständige Körperbehindertenschule nahm ihn seine Mutter von dieser Schule. Ihre Erwartungen an beide Schulen hatten sich nicht erfüllt. – Jürgen sollte lesen, schreiben und verständlich sprechen lernen. So blieb er lange Zeit zu Hause.

Bei uns wurde Jürgen – inzwischen achtzehn Jahre alt – angemeldet. Die Mutter, seit geraumer Zeit alleinerziehend, konnte ihn nicht mehr alleine beaufsichtigen. Sie beschrieb ihren Sohn als „geistig retardiert", ataktisch und sprachbehindert. In Zusammenarbeit mit dem zuständigen Staatlichen Schulamt wurde dessen Sonderschulbedürftigkeit im Sinne der Körperbehindertenschule festgestellt mit dem Ziel, Jürgen auf den Besuch einer geeigneten nachschulischen Einrichtung vorzubereiten. Ich übernahm die Aufgabe, während eines begrenzten Zeitraums seine Klasse dahingehend zu unterstützen, dass auf der Grundlage des momentanen Leistungsstandes ein geeigneter Förderplan im Hinblick auf schriftliche und sprachliche Kommunikation erstellt werden konnte.

Ich kannte Jürgen von wenigen Begegnungen, wenn ich ihn im Schulhaus traf. Er war groß, sehr dünn, blond, stets ein „verträumtes" Lächeln auf dem Gesicht. Und noch eine Besonderheit war zu beobachten: Ich traf ihn immer entweder vor der Tür des Aufzugs oder im Treppenhaus, in die Betrachtung beider Örtlichkeiten versunken, und meist hatte er eine Polaroidkamera bei sich.

Von den Kollegen aus seiner Klasse wurde mir berichtet, er spreche nicht, könne weder lesen noch schreiben und setze sich ständig aus dem Klassenzimmer ab. Wiederzufinden sei er stets im Treppenhaus oder vor der Aufzugstür. Wenn er abgeholt werde, gehe er dann auch immer willig mit ins Klassenzimmer zurück. Dort sortiere er dann Polaroidbilder, die er aber niemandem zeige. Bei Bastelarbeiten lasse er trotz seiner gestörten Motorik zwar Geschicklichkeit erkennen, jedoch keine Ausdauer. Anweisungen verstehe er wohl meist.

Um Jürgens Aufmerksamkeit zu gewinnen, wählte ich einen Fotoapparat als Medium. Mit den Kollegen seiner Klasse organisierte ich ein „zufälliges" Zusammentreffen vor der Aufzugstür. Ich zeigte ihm meinen Fotoapparat, um ihm zu verdeutlichen, dass wir ein gemeinsames Hobby haben. Weder interessierte ihn die teure Spiegelreflexkamera noch konnte ich ihn von seinen Betrachtungen der Aufzugstür ablenken. – Meine Kamera und ich waren Luft.

Aus der Lehrmittelsammlung besorgte ich mir darauf hin eine einsatzfähige Polaroidkamera, eilte zu Jürgens Beobachtungsplatz zurück und fing zu fotografieren an: die Eingangshalle, die Hausmeisterkabine, Jürgen selbst und den Treppenaufgang zum oberen Stockwerk. Mein Hantieren mit der ihm vertrauten Kamera schien sein Interesse zu wecken. Ich zeigte ihm meine Bilder: Hausmeisterkabine, Eingangshalle, sein eigenes Konterfei, sie wurden achtlos weggeworfen, – nicht so mein Treppenfoto. Sofort deutete er auf die Treppe und dann auf das Foto. Ich sagte ihm, wenn er Lust habe, könnten wir zusammen ein Haus mit so einer Treppe, mit Fenstern, Türen und und und bauen.

Zum vereinbarten Termin holte ich Jürgen ab und ging mit ihm zum Werkraum. Ich hatte Stifte, Papier, Hammer, Zange und Nägel bereits auf einer Werkbank ausgelegt. In der Mitte einer 60 mal 80 cm großen Spanplatte hatte ich einen 9 mm dicken, etwa 20 cm langen Holzdübelstab eingeleimt – und selbstverständlich war eine Polaroidkamera dabei. Die Werkzeuge fanden sofort sein Interesse. Ich nahm nacheinander Hammer und Zange in die Hand, benannte sie, machte ein Polaroidbild von beiden Werkzeugen und bat ihn, die Bilder den Gegenständen zuzuordnen. Er konnte dies spontan, und ich bestätigte sein richtiges Handeln, indem ich die Werkzeuge mit den ihnen zugeordneten Bildern deutlich benannte. Zwischen mehreren unartikulierten Lauten benannte auch Jürgen fehlerfrei diese Werkzeuge. – Also war mir klar, er konnte bei hinreichender Motivation Worte sehr wohl aussprechen. Was sich so schnell erzählt, dauerte jedoch etwa eine Stunde.

Beim nächsten Treffen hatte ich schon Hammer und Zange mit den zugehörigen Bildern geordnet auf der Werkbank liegen. Neu waren zwei Blätter Papier, auf denen ich ihm „Hammer" und „Zange" in großen Druckbuchstaben vorschrieb und dabei die Werkzeuge benannte. Vor meinem dritten Treffen mit Jürgen hatte ich mit dem Werklehrer vereinbart, dass ich den Jungen zu ihm schicken werde, um Hammer und Zange von ihm zu fordern. Mit der Zeit lernte Jürgen den Hammer, die Zange, den Klebstoff, den großen und den kleinen Bohrer, das große und das kleine Loch richtig zu benennen und dem entsprechenden Wortbild zuzuordnen. Ja, er schrieb selbst Hammer, Zange, Klebstoff, Bohrer.

Zwischenzeitlich war Jürgen auch klar geworden, dass und wie wir zusammen die Treppe für unser Haus zu bauen hatten: In einen Parkettstab musste Jürgen je ein 9-mm- und ein 6-mm-Loch an den gegenüberliegenden

Enden bohren: großes Loch – kleines Loch – großer Bohrer – kleiner Bohrer. Jürgen arbeitete genau und sichtlich zufrieden. Als alle Parkettstäbe gebohrt waren und es daran ging, sie mit Hilfe des eingeleimten Dübelstabes zu einer Wendeltreppe aufeinander zu leimen, war die zuvor beobachtete Zufriedenheit in eine hektische Arbeitswut umgeschlagen. Als aus allen Parkettstäben eine etwa 18 cm hohe Wendeltreppe entstanden war, versank Jürgen in ein faszinierendes Betrachten. Sein Gesicht berührte beinahe die fertige Wendeltreppe, langsam, kaum merklich wiegte er den Oberkörper. – Es war nicht daran zu denken, nun an den Aufbau der Hauswände zu gehen.

Mein Plan, Jürgen über seine „Vorliebe" für Treppen zum Sprechen, Lesen und Arbeiten zu motivieren, war von mir so überzogen heftig verfolgt worden, dass wir nicht weiterarbeiten konnten. Natürlich weiß ich, dass seine „Vorlieben" Fixierungen und seine immer wiederkehrenden Lautierungen „Echolalien" waren, auch viele sonst zu beobachtende Stereotypien wiesen ihn als autistischen Menschen aus. Ich hatte mich von meinem scheinbaren Erfolg verführen lassen, war zu sehr seinen Fixierungen und Stereotypien gefolgt und hatte so sein Interesse an einer weiteren Zusammenarbeit mit mir und an einer Wendeltreppe verloren.

Hartmut Melenk

Vertically challenged

„Inanspruchnahme" – das Thema klingt harmlos. Ein Kind oder Jugendlicher braucht meine Hilfe, schenkt mir Vertrauen. Aber allzu alltäglich sollte der Anspruch nicht sein. Über eine Leistung, die normalerweise nicht erbracht wird, ist zu berichten, eine Herausforderung, a challenge, bei der es darum geht, über sich selbst hinauszuwachsen – in dem Sinne, in dem Amerikaner über Kleinwüchsige sagen: „They are vertically challenged."

In diesem Sinne aus meinem pädagogischen Praxisfeld zu erzählen ist leichter gesagt als getan. Die Erziehung der eigenen Kinder liegt Jahrzehnte zurück. Damals brauchte ich lange, um auf den existentiellen Vorwurf meines Sohnes „Ich bin nicht gefragt worden, ob ich auf die Welt kommen will" eine passende Antwort zu finden: „Doch, wir haben dich gefragt, aber du hast nicht ‚nein' gesagt." Die Erziehung der Enkel hat ihre Bewährungsprobe noch vor sich. Noch steht dem dreijährigen Felix die Welt der Möglichkeiten offen: „Später heirate ich mal meine Freundin Alina. Aber vielleicht heirate ich auch eine Lokomotive. Oder vielleicht – vielleicht heirate ich auch ein Buch."

Meine professionellen Erlebnisse sind allgemeiner, nicht auf einzelne Personen bezogen. Es ist fast zwanzig Jahre her, dass ich gebeten wurde, mich für die italienischen Kinder und Jugendlichen in der Region Stuttgart und für ihren muttersprachlichen Zusatzunterricht einzusetzen. Die Initiative kam nicht von den Jugendlichen selbst, sondern vom italienischen Generalkonsulat Stuttgart und sie war mit einer Warnung verbunden: Der zuständige direttore didattico hatte zuerst mit der PH Esslingen Kontakt aufgenommen – sie sei aufgelöst worden. Dann habe er mit der PH Reutlingen sehr erfolgreich kooperiert, aber auch sie werde demnächst aufgelöst werden. Wenn er jetzt nach Ludwigsburg komme, könne ich mir das Ergebnis selbst ausmalen. (Auch eine Partnerschaft der PH Reutlingen mit der Universiät Verona habe er initiiert. Wie gut sie funktioniere, könne man daran sehen, dass der Reutlinger Rektor selbst, ein gewisser Professor Wenzel, die italienischen Studierenden unterrichte.)

Den muttersprachlichen Unterricht zu besuchen und dort während eines Forschungssemesters selbst zu unterrichten erschien mir reizvoll. Ich hatte unter anderem Romanistik studiert, hatte ein ganzes Jahr im Tessin Deutsch als Fremdsprache unterrichtet und interessierte mich generell für Fremdsprachendidaktik.

Hintergrund war für mich das Thema der Integration. Integration hat mit Ganzheit zu tun. Sich integrieren heißt: Teil eines Ganzen zu werden – und dies war für die jungen Italiener, für die ausländischen Jugendlichen generell noch keineswegs erreicht, wie die schulischen Misserfolge zeigten. Ich hatte eine kleine Studie gemacht, ausgehend von einem Klassenaufsatz „Mein Leben in zehn Jahren" in einer achten Hauptschulklasse. Ein türkischer Junge, Engin, malte sich eine glänzende Zukunft aus; er würde Arzt werden, Reichtümer anhäufen, ein fünfstöckiges Haus in der Türkei bauen; aber der grafisch abgesetzte letzte Satz lautete: „Meine leben ist kaput!!!" – offenbar in dem Bewusstsein, dass die eigenen Wünsche nur in der Phantasie erfüllbar seien. Ein Mädchen derselben Klasse, Nezlihan, hatte die bescheideneren Erwartungen eines Lebens als Hausfrau und Mutter mit Abenden voller Fernsehen; aber ihr ebenfalls abgesetzter Schlusssatz „Zo geht weiter" wirkte nicht weniger gespenstig wegen seiner Perspektivelosigkeit. Diese Zukunft sollte sich wie selbstverständlich in der Türkei abspielen – mit der Kompomissvorstellung, dass man dann die Ferien in Deutschland verbringen werde, so wie jetzt in der Türkei.

Das Wandern zwischen zwei Welten, die Zugehörigkeit zu zwei Kulturen kann den Erfahrungshorizont erweitern. Für die ausländischen Jugendlichen der siebziger und achtziger Jahre galt dies nicht unbedingt. Viele waren nicht stark genug, die dadurch entstehende Spannung auszuhalten.

Was hat der muttersprachliche Unterricht mit Integration und Interkulturalität zu tun? Er ist ein Weg dazu, die eigene Identität zu stärken und die Verbindung mit der Herkunft nicht abreißen zu lassen. Skandinavische Forschungen hatten ergeben, dass Kinder, die ihre Muttersprache besser beherrschten, auch eine bessere Kompetenz in der Zweitsprache erreichten; daraus hatte Cummins seine Zwei-Schwellen-Hypothese abgeleitet; wer die untere Schwelle nicht erreichte, war in der Gefahr der „doppelten Halbsprachigkeit".

Im Falle der Italiener kam hinzu, dass Italienisch eine europäische Kultursprache ist und das Postulat besteht, jeder Europäer solle neben seiner eigenen noch zwei weitere Sprachen (Englisch und eine weitere Sprache) sprechen. Es erschien nicht sinnvoll, eine Sprache an ihrer Basis absterben zu lassen und sie dann als dritte schulische Fremdsprache oder im Volkshochschulkurs wieder aufleben zu lassen.

Soweit die Theorie. Die Praxis war recht unterschiedlich. In der Regie des Generalkonsulats Stuttgart waren etwa 60 bis 80 Lehrerinnen und Lehrer; alle hatten bis zu fünf Schulen an verschiedenen Orten zu betreuen. Die Kinder und Jugendlichen waren meist in Altersgruppen eingeteilt (zum Beispiel in Grundschule und Sekundarstufe) und wurden an einem oder zwei

Nachmittagen pro Woche ein bis zwei Stunden lang betreut. Die Gruppengröße war unterschiedlich; sie konnte nach oben fast eine volle Klassenstärke erreichen, aber sie konnte auch auf ganz wenige, manchmal nur zwei Schüler heruntergehen. Der Besuch des Zusatzunterrichts war unregelmäßig; auf viele Schüler war kein Verlass.

Die Kinder und Jugendlichen waren lebhaft und beteiligten sich rege am Unterricht. Gegen didaktische und methodische Schwächen der Lehrer schienen sie nahezu immun zu sein. Alle hatten gewisse zumindest passive italienische Sprachkenntnisse, sprachen aber wesentlich besser deutsch als italienisch. Ihr Italienisch war durchweg stark dialektal geprägt; die Schriftsprache und die mündliche Standardsprache wurden ihnen erst im Unterricht vermittelt.

Emotional fühlten sie sich durchweg als Italiener (zum Beispiel was ihre Sympathien für die Fußballnationalmannschaft anging); regional fühlten sie sich aber ganz ihrem Wohnort und seiner Umgebung verbunden („Ich bin ein Italiener aus Pleidelsheim"). Die entsprechende Rollenübernahme bereitete ihnen keine Probleme. Einige von ihnen leisteten in der achten oder neunten Hauptschulklasse ein Betriebspraktikum ab – in einem Frisiersalon, einem Schuhgeschäft, einem Supermarkt usw. Die Friseurin freute sich darüber, dass ihr immer wichtigere Tätigkeiten übertragen wurden; die Schuhverkäuferin ärgerte sich über Kundinnen, die sich nur beraten ließen, aber nichts kauften. Nur die Obstverkäuferin verstieß gegen ihre Rolle, indem sie die Bananen zum Spaß mit 3,99 DM statt mit 1,99 DM auszeichnete und sich wunderte, dass diese trotzdem gekauft wurden. Aber das daraus resultierende Urteil („Kunden sind dumm") ist wiederum rollenkonform, auch die Meinung, die Preise seien objektiv, zum Beispiel durch die Länge des Transportweges, begründet. Die italienischen Jugendlichen erschienen – zusammengefasst – als normale Jugendliche; besondere Probleme, die sich aus ihrer Zugehörigkeit zu zwei Kulturen ergaben, ließen sich im Rahmen des muttersprachlichen Zusatzunterrichts nicht ausmachen. Die Lehrer berichteten zwar, dieser Junge gelte als Legastheniker, jenes Mädchen sei Sonderschülerin; aber solchen Einzelfällen ging ich nicht näher nach.

Der Unterricht selbst war im Wesentlichen Sprachunterricht und Grundschulunterricht. Hauptziel war die Einführung und Sicherung eines Grundwortschatzes; Themen waren die Tiere auf dem Bauernhof, der Schulweg, der Tagesablauf, die italienischen Provinzen usw. Der Unterricht verdiente meist nicht den Namen Kulturunterricht (obwohl dies der Anspruch war). Die Lehrer führten dies auf die heterogenen Voraussetzungen ihrer Schüler zurück. Aber es war auch bequem, sich nur auf einen Stoff pro Nachmittag oder pro Woche vorzubereiten oder auf Vorbereitungen ganz zu verzichten.

Dies war dann der Ansatz für die Lehrerfortbildung: Es erschien durchaus möglich, ein ordentliches Unterrichtsergebnis zu erzielen, da die meisten Schüler über mehrere Jahre hin, oft sogar die ganze Schulzeit lang am Unterricht teilnahmen. Um eine Stütze für den Schulerfolg in der deutschen

Schule zu sein, müsste sich der muttersprachliche Zusatzunterricht aber erheblich verbessern. Die Lehrer waren für die Grundschule ausgebildet; ihr Repertoire sollte auch die Sekundarstufe I umfassen. Eine Fortbildungsreihe wurde konzipiert – acht zweitägige Veranstaltungen unter Beteiligung italienischer Referenten –, ich organisierte sie (gemeinsam mit dem Kollegen Strauch) mehrere Jahre lang und lernte viel dabei. Der italienische Botschafter kam zu Besuch und bedankte sich bei der Hochschule.

Aber war die Aktion letztlich erfolgreich? Aus der Rückschau würde ich diese Frage eher verneinen. Es gelang nicht, unsere Zielvorstellung durchzusetzen und die Qualität des Unterrichts nachhaltig zu verbessern. Für die Schüler war es trotz ihrer emotionalen Italienbindung nicht lebenswichtig, in welchem Maße sie die italienische Schriftsprache beherrschten – mit einer Ausnahme: ihrer möglichen Rückkehr nach Italien. Aber auch in diesem Fall wären sie Absolventen des italienischen Schulsystems hoffnungslos unterlegen.

Auch für die Lehrer war der objektive Unterrichtserfolg nicht so wichtig. Er wurde nicht überprüft (zu den von uns vorgeschlagenen Leistungstests ist es nie gekommen). Viel wichtiger für die Lehrer war es, dass es ihnen gelungen war, als offizielle Vertreter des italienischen Auslandsschulwesens zu gelten und Diplomatenstatus zu erlangen; auf diese Weise steigerte sich ihr Einkommen auf ein Mehrfaches, wenigstens für einige Jahre. Sie waren zwar bereit, Kraft und Zeit in die Verbesserung ihres Unterrichts zu investieren, aber nicht, sich dafür umzubringen.

Schließlich ist das italienische System, das Zusammenspiel zwischen Behörden, Gewerkschaften, Elternverbänden usw., um einiges komplizierter als das unsere; es beschäftigt die Mitspieler länger und intensiver; und die Dauerhaftigkeit des gerade erreichten Zustands ist keineswegs gesichert. Warum also sollte man sich auf einen Prozess einlassen, der nur langfristig Erfolge zeitigen kann?

Sollte man also die Italiener – und wie sie die Türken, die Griechen, die Kroaten und die Spanier – sich selbst überlassen und darauf vertrauen, dass ihre Integration irgendwann einmal von selbst geschieht? Dies ist offenbar zu optimistisch, wie die Ergebnisse der PISA-Studie gezeigt haben. Vom muttersprachlichen Unterricht erwartet man aber zur Zeit keinerlei Hilfe mehr; er wird in der an Bildung interessierten Öffentlichkeit nicht einmal mehr wahrgenommen.

Um an den Anfang zurückzukommen: Der italienische muttersprachliche Unterricht war für mich in der Tat eine Inanspruchnahme; er hat meine Kräfte herausgefordert – in dem Sinne, in dem Kleinwüchsige „vertically challenged" sind: So sehr sie sich auch anstrengen, mit dem Wachsen hat es so seine Schwierigkeiten.

Werner Nestle

„Ich fahre nach Afrika!"

Die sechzehnjährige Elke wurde nach zwei Suizidversuchen in eine jugendpsychiatrische Klinik eingewiesen. Nach der Therapie waren Psychiater der Klinik und Betreuer des Jugendamts der Meinung, eine andere Familie wäre der beste Lebensrahmen für Elke. Das Jugendamt konnte jedoch trotz intensiver Suche keine Pflegefamilie finden und fragte deshalb bei meiner Frau (Lehrerin) und bei mir an, ob wir diese Aufgabe übernehmen könnten. Beim Jugendamt war ich bekannt durch mehrere Besuche, bei denen ich Angelegenheiten unseres „Fördervereins für lernbehinderte Kinder und Jugendliche" zu regeln hatte.

Zunächst sahen wir nur Probleme: Sind wir dieser Aufgabe überhaupt gewachsen? Können wir Elke einen Lebensrahmen schaffen, wie sie ihn braucht? Wie werden unsere leiblichen Kinder (eine Tochter, zwei Söhne) reagieren, wenn plötzlich ein weiteres Kind in der Familie lebt? Welche Konflikte und Rivalitäten, Ängste und Probleme kann ein sechzehnjähriges Mädchen auslösen, das aus einer unbekannten und offensichtlich sehr belastenden Familie kommt?

Wir sahen aber auch Elkes Not und fragten uns, wer sonst diese Aufgabe übernehmen könnte bzw. übernehmen sollte, wenn nicht Pädagogen.

Nach Elkes Besuch in unserer Familie lösten sich unsere Bedenken auf. Elke sagte, sie würde gerne zu uns kommen, und mit unseren Kindern entwickelte sich schon beim ersten Besuch gegenseitige Sympathie. Elke versicherte uns auch, sie werde ihre Lehre als Friseurin fortsetzen.

Wir hatten für Elke kein „pädagogisches Konzept" entwickelt. Aber wir hatten einige Überlegungen angestellt, was sofort zu tun sei. Zuerst musste für sie ein Zimmer eingerichtet werden. Sie brauchte dringend neue Kleider. Dann war mit der Lehrmeisterin die Wiederaufnahme der Arbeit abzusprechen und der Kontakt zur Berufsschule herzustellen. Alles andere wollten wir sehr behutsam angehen: Die „Integration" in die Familie wollten wir so gestalten, dass sich Elke nicht alleine anpassen musste. Sie selbst sollte uns über ihre Probleme und über ihre Familie erzählen und zwar erst dann, wenn sie von sich aus dazu bereit war und nur so viel, wie sie selbst mitteilen wollte. Jugendpsychiatrie und Jugendamt fragten wir absichtlich nicht nach deren „Anamnesen", um offen zu bleiben und Elke einen neuen Anfang zu ermöglichen.

Elke wollte von unserem Angebot, sie zu einem Besuch bei ihrer Familie zu begleiten, anfangs nichts wissen. Nach einigen Wochen, als ihre Mutter im Krankenhaus lag, nahm sie einen Blumenstrauß und besuchte die Mutter aus eigenem Entschluss. Später besuchten wir die Familie mit ihr zusammen. Zum siebzehnten Geburtstag wollte Elke bei uns ein großes Fest feiern. Sie wendete viel Zeit und Energie auf, um mit uns zusammen das Fest für dreißig Personen vorzubereiten. Zum Fest kam Elkes Mutter mit der ganzen Verwandtschaft, darunter die Schwester und vier Brüder mit den Freundinnen. Der Vater war Alkoholiker; er kam nicht zu Elkes Fest. Meine Befürchtungen, die Familienkonflikte könnten bei diesem Anlass erneut ausbrechen, waren unbegründet. Elkes Selbstbewusstsein wurde durch das Fest sehr gestärkt. Jetzt konnte sie zeigen, dass sie nicht mehr das gepeinigte Kind ihrer Herkunftsfamilie war, sondern ein geachtetes Mitglied der neuen Familie. Nach dem Fest sagte uns Elke, sie hätte darauf gewartet, dass sich jemand aus der Verwandtschaft daneben benimmt. Den hätte sie mit Freude hinausgeschmissen.

Auch durch die Berufsausbildung wurde Elkes Selbstvertrauen gestärkt. Sie brauchte nur gelegentlich Hilfe für die Berufsschule und bestand die theoretische und praktische Prüfung mit gutem Erfolg.

Zwischenzeitlich lernte Elke einen jungen Mann kennen, in den sie sich verliebte. Er besuchte sie auch auf ihrem Zimmer und wollte bei ihr übernachten. Meine Frau sprach mit ihr über Empfängnisverhütung, und Elke stimmte dem Vorschlag meiner Frau zu, sich von einem Arzt untersuchen zu lassen und „die Pille" zu nehmen. Auch dadurch gewann sie viel Selbstbewusstsein und psychische Stabilität.

War Elke jetzt „geheilt?" Viele ihrer Verhaltensweisen, ihre Lebensenergie und ihre große Lebensfreude deuteten darauf hin. Aber es kamen auch Zweifel auf. Wenn Elke nach einem anstrengenden Arbeitstag müde war oder wenn sie sich ungerecht behandelt fühlte, brach manchmal eine ungeheure Wut mit verbaler Aggression aus ihr heraus. Wir ließen solche Ausbrüche wie ein Gewitter vorüber ziehen; so beruhigte sie sich und war bald wieder anzusprechen.

Elke war neunzehn Jahre alt, als sie uns verließ. Sie wollte in der Nähe ihres Freundes leben, in einer ca. 80 km entfernten Großstadt. Wir versicherten uns gegenseitig, durch Telefonate, Briefe und Besuche Kontakt zu halten. Elke wollte uns vor allem bei Schwierigkeiten und Veränderungen in ihrem Leben informieren. Sie arbeitete in einem Friseursalon und wohnte allein in einem gemieteten Zimmer.

Eines Tages rief Elke an: „Werner, ich fahr nach Afrika!" Dann erzählte sie mir eine schier unglaubliche Geschichte: Als Elke durch die Stadt ging, wurde sie von einem jungen Mann „angemacht". Er schäkerte mit ihr und erzählte von seinem Leben. Der junge Mann lud sie unmittelbar ein, mit ihm nach Afrika zu kommen. Er arbeitete bei einer Schweizer Firma in einem westafrikanischen Land. Elke war begeistert von dem jungen Mann und von der Aussicht auf das Leben in Afrika. Auf meine Bedenken erwiderte sie, der junge Mann sei anständig, ehrlich und verdiene gut. Ich könne ja bei der Schweizer Firma Erkundigungen über ihn einziehen. Elke gab mir die Telefonnummer der Firma für den Fall, dass ich Auskünfte einholen wollte.

Auf meinen Vorschlag, vierzehn Tage Urlaub zu nehmen, sich das Camp anzusehen und den jungen Mann besser kennen zu lernen, antwortete Elke, sie habe bereits gekündigt, sich bei der Krankenkasse abgemeldet und es sei ihr ernst, sie wolle gleich mitfahren und in Afrika bleiben. Ich war sprachlos. Aber Elke war begeistert. Weil sie auf unser Einverständnis großen Wert legte, kündigte sie an, uns vor der unmittelbar bevorstehenden Abreise mit dem jungen Mann zu besuchen. Dann könne ich ja selbst feststellen, dass alles wahr sei und der junge Mann einen guten Charakter habe.

Am darauf folgenden Sonntagnachmittag kam Elke mit ihrem neuen Freund zu Besuch. Stolz präsentierte sie uns den jungen Mann, 25 Jahre alt, ein „Sonnyboy", redegewandt und mit guten Umgangsformen. Er erzählte von seinem abenteuerlichen Leben in Afrika und unsere Kinder hörten fasziniert zu. Sonnyboy arbeitete in einer Firma, die Bauxit abbaut. Er war zuständig für Maschinen und Fahrzeuge. Privat besaß er einen Jeep, ein Motorboot und ein Motorrad. Mit seinen Fahrzeugen erkundete er den Urwald und fuhr oft zur Jagd. Sonnyboy wohnte mit den anderen Angestellten der Firma mitten im Urwald in einem Camp, das von bewaffneten Männern bewacht und gesichert wird. Jeder Familie steht ein Bungalow zur Verfügung. Die Hausarbeiten werden von einem „Boy" erledigt, den die Firma entlohnt.

Zwischendurch unterbrach Sonnyboy seine Erzählungen durch auswendig gespielte Stücke am Klavier.

Sonnyboy wollte uns mit seinem Klavierspiel und mit seinen Geschichten sagen: „Seht her, ich bin auch kultiviert. Elke wird es bei mir gut haben und im Luxus leben. Ihr könnt unbesorgt sein." Aber mir missfiel der neokoloniale Lebensstil. Ich war besorgt über die Auswirkungen auf Elke. Sonnyboy muss meine Zweifel gespürt haben. Er griff zu einer weiteren Trumpfkarte. Für unsere Bedenken gegenüber Elkes Abreise mit einem unbekannten Mann zeigte Sonnyboy großes Verständnis. Er versicherte, Elke nie im Stich zu lassen. Erst als Jugendlicher habe er durch einen Zufall entdeckt, dass er „nur" das Adoptivkind seiner Eltern sei. Er habe seine Adoptiveltern gezwungen, ihm den Namen und die Adresse der leiblichen Mutter zu nennen. Seine Mutter musste ihm erklären, weshalb sie ihn zur Adoption frei gegeben hatte. Die Mutter erzählte ihr eigenes Schicksal: Als sie im sechsten Monat schwanger war, habe sie der Mann verlassen. Sie sei nicht in der Lage gewesen, alleine für ihr Kind zu sorgen.

Sonnyboy wiederholte, dass er niemals zu einer so gemeinen Tat fähig sei wie sein leiblicher Vater. Sein wichtigstes Ziel im Leben sei, seinen Vater zu finden, ihm in die Augen zu schauen und ihn dann in die Fresse zu schlagen.

Jetzt war ich als Pädagoge wieder hell wach. Meine Bedenken verstärkten sich. Die Frage war für mich: Kann Sonnyboy so handeln, wie er vorgibt, oder wird er einem inneren Wiederholungszwang unterliegen, falls Elke schwanger wird?

Elke war nicht zu halten. Sie reiste mit Sonnyboy nach Afrika, obwohl er noch verheiratet war. Seine Frau lebte getrennt von ihm in Deutschland. Nach ungefähr einem halben Jahr besuchte uns Elke wieder. Sie hatte viel zu erzählen. Es ging ihr gut, aber sie langweilte sich im Camp. Die anderen Frauen hatten Kinder, und Elke wollte unbedingt auch ein Kind haben. Von meiner Frau und von mir wollte sie wissen, was wir von ihrem Kinderwunsch hielten. Auch bei diesem Wunsch äußerten wir Bedenken und rieten Elke dringend ab, jetzt ein Kind in die Welt zu setzen unter anderem auch, weil Sonnyboy noch nicht geschieden war.

Einige Zeit später kam Elke erneut zu Besuch, diesmal schwanger im sechsten Monat. Sie wohnte bei ihren leiblichen Eltern. Von dort rief sie eines Tages bei uns an. Elke war totunglücklich und tief deprimiert. Wir mussten befürchten, dass sie wieder Suizidversuche unternimmt.

Was war geschehen? Sonnyboy hatte sie verlassen! Er war in Deutschland, um sich von seiner Frau scheiden zu lassen. Gleich nach der Scheidung informierte er Elke telefonisch, dass er jetzt geschieden sei und nicht mehr zu ihr käme. Es sei aus mit ihr. Bald darauf wurde auch bekannt, dass Sonnyboy in Afrika mit einheimischen Mädchen zwei Kinder gezeugt hatte.

Elke erholte sich von diesem Schock und brachte bei einer Hausgeburt einen gesunden Jungen zur Welt. Erst später erfuhren wir, weshalb das Kind in Elkes Elternhaus geboren wurde. Elke war nicht krankenversichert. Elkes Liebe zu Sonnyboy verwandelte sich in Hass. Sie haben sich nie wieder gesehen.

Für Elke begann jetzt das schwierige und harte Leben einer allein erziehenden Frau mit geringem Einkommen. Einige Monate nach der Geburt ihres Sohnes suchte Elke Arbeit und eine Mietwohnung. Beides war schwierig. Ein Vermieter, bei dem sie sich vorstellte, sagte unumwunden: „Sie würden mit zwei Hunden leichter eine Wohnung finden als mit einem Kind." Elke fand schließlich eine kleine Mietwohnung und eine Arbeitsstelle mit stupiden Tätigkeiten in Nachtschicht. Ihren Sohn brachte sie abends zu ihrer leiblichen Mutter und holte ihn tagsüber zu sich. Sie wollte ihn tagsüber selbst erziehen und versorgen. Deshalb blieb sie aus eigenem Entschluss in Nachtschicht.

Das selbstständige Leben mit Kind in einer Mietwohnung und das geringe Einkommen brachte viele Belastungen, die Elke nicht alleine bewältigen konnte.

Nach einiger Zeit wurde Elke mit raffinierten, aber legalen Tricks aus ihrer Mietwohnung hinausgeworfen. Beim neuen Vermieter gab es Unstimmigkeiten mit der Heizkostenabrechnung. Außerdem sollte sie auch Renovierungsarbeiten bezahlen, die durch Schimmelbildung notwendig wurden. Diese Forderung konnte ich mit Hilfe eines Juristen abwehren. Durch ein Missgeschick verursachte Elkes Sohn bei einer dritten Person einen Schaden in Höhe von 500,– DM. Elke schrieb zusammen mit einem Vertreter ihrer Haftpflichtversicherung einen Antrag auf Erstattung des Schadens. Die Versicherung lehnte den Antrag ab. Danach schrieb ich dem Vorstandsvorsitzenden der Versicherung einen bitterbösen Brief. Nach drei Tagen kam ein Vertreter der Versicherung, legte Elke 500,– DM auf den Tisch und entschuldigte sich im Namen des Vorstands.

Sonnyboy kürzte seine Unterhaltsbeiträge. Nach einiger Zeit stellte er sie ganz ein. Mehrmals waren Elke und ich auf dem Jugendamt, um gegen Sonnyboy eine Lohnpfändung und später einen Haftbefehl zu erwirken. Aber diese Bemühungen waren erfolglos. Entweder war Sonnyboy zu raffiniert oder das Jugendamt nicht energisch genug.

Die Lehrerin ihres Sohnes behauptete, der Bub leide darunter, dass er keine männliche Bezugsperson habe, und sie solle dafür sorgen, dass sich auch der Vater um den Sohn kümmert. Auch dieses Gespräch war für Elke eine große Belastung, über die sie reden musste. Solche Ereignisse verursachten bei Elke permanenten Stress. Aber stets hatte ihr Kind für sie absolute Priorität. Sie wollte eine perfekte Mutter sein und setzte sich ständig selbst unter Druck. Elke ist seit einigen Jahren verheiratet und hat ein zweites Kind bekommen.

Anmerkungen

Wer sich in die Lebensverhältnisse anderer Menschen einmischt, setzt sich dem Verdacht aus, am „Helfersyndrom" zu leiden. Aber es gibt für einen Pädagogen auch andere Motive für eine aktive Teilhabe am Leben von Kindern, Jugendlichen und deren Eltern, zum Beispiel eine grundsätzliche und allgemeine Sympathie. Lässt man sich als Pädagoge auf dieser Basis auf Kinder und Jugendliche ein und ergreift für sie Partei, verändert sich auch der Pädagoge samt seinen pädagogischen Theorien. Diese Veränderung geschieht aber nicht vorsätzlich, planmäßig oder zielorientiert, sondern eher als „ungewollte Nebenwirkung" (Spranger).

Dem Pädagogen eröffnen sich Chancen, die eigenen schichtspezifischen Vorurteile gegenüber „abweichenden" Lebensformen abzubauen und den Blick zu schärfen für konkrete und oft äußerst belastende Erziehungsformen und Lebensverhältnisse. Die meist abstrakten Aussagen der Erziehungswissenschaft werden konkretisiert und relativiert. Auch die Schulverhältnisse kommen auf den Prüfstand, weil deutlich wird, dass die Schulen den offensichtlichen Bedürfnissen vor allem von Kindern und Jugendlichen aus belastenden und ökonomisch schwachen Elternhäusern nicht entsprechen.

Erzählungen sind subjektive Darstellungen von Sachverhalten, vor allem, wenn der Autor selbst als handelndes Subjekt in die Geschichte verstrickt ist. Deshalb sind Erzählungen keine wissenschaftlichen Texte; sie können aber „Material für Wissenschaft" werden (Henningsen).

Walter Popp

Zwischen Selbstständigkeit und Selbstüberschätzung –
oder: Was man in der Schule auch lernen kann

Selbstbewusste, selbstständige, aktive und kritikfähige Kinder und Jugendliche, die auch „Nein" sagen und sich zur Wehr setzen können, wenn ihnen Unrecht geschieht, das ist heute mehr denn je eine allgemein akzeptierte Zielrichtung erzieherischer Bemühungen in der Familie, in der Schule, in Jugendgruppen und Vereinen. Dafür gibt es Trainingsprogramme verschiedenster Art. Die Tageszeitungen berichten über Initiativen und Projekte von Schulen und vergeben manchmal Preise dafür. Aber *einmal* vernünftig gehandelt, heißt nicht *immer* vernünftig zu handeln.

Diese schöne neue Welt der Eigeninitiative ist jedoch beileibe nicht so makellos, wie wir dies wünschen mögen und wie sie oft dargestellt wird.

Kinder sind zunächst aktiv, um eigene Bedürfnisse, Ziele und Abenteuer praktisch zu verwirklichen, auch und vielleicht mit besonderer Lust, wenn sie zu den Normen der Erwachsenen im Widerspruch stehen. Sie wollen sich nicht ohne weiteres einspannen lassen in die Zielsetzungen der Erwachsenen. Die eigene Selbstständigkeit und Eigeninitiative einerseits und die Fähigkeit und Bereitschaft zu realistischer Selbsteinschätzung und Selbstkontrolle andererseits können nur in einem langwierigen Prozess mit Rückschlägen und erneuten Anstrengungen erworben werden.

Dazu ein – zugegebenermaßen sehr schlichtes – Beispiel von drei Grundschülern aus einem zweiten Schuljahr. Im Schulhof gibt es einen etwa sechs Meter langen, ansteigenden Weg, ähnlich einer Rollstuhlauffahrt, der sich im Winter besonders gut eignet als Schlitterbahn („Schleife") und der bei Frost von den Schülerinnen und Schülern als solche gerne genutzt wird. Der Hausmeister streut diese Strecke immer vorsorglich mit Salz. Zwei Mädchen und ein Junge beobachten ihn dabei und wischen danach das Salz wieder weg, besorgen sich aus der Toilette einen Eimer mit Wasser und wollen damit die Bahn wieder funktionstüchtig machen. In diesem Augenblick kommt der Hausmeister zurück, er beschimpft die Kinder lautstark und ziemlich rüde und bringt sie zur Klassenlehrerin. Es kommt zu der in Schulen seit langem üblichen, nicht gerade einfallsreichen Sanktion: eine Strafarbeit wird verhängt. Die Kinder sollen berichten, was geschehen ist, sie sollen ihre Absicht begründen und ihre Einsicht in das Falsche ihres Handelns dokumentieren.

Das Mädchen, das dazu angestiftet hatte, schreibt unter anderem:
„... *es war meine Idee, ich bin schuld,*
ich bin blöd, nochmals blöd und nochmals blöd,
ich werde es nie wieder tun ..."

Mit der Ablieferung der Strafarbeit gilt der „Fall" als abgeschlossen – für die Schule.

Auf die Frage, ob das wirklich so gemeint war, wie sie es geschrieben hat, sagte das Mädchen: „Nein, aber ich musste es." Sie hätte lieber geschrieben: „Ich werde es bestimmt wieder tun."

Wegen der lauten und groben Beschimpfung durch den Hausmeister sind die Kinder empört und verletzt und wollen sich beim Rektor beschweren: „Der darf uns nicht so anbrüllen, das lassen wir uns nicht gefallen." Sie überlegen, ob sie nicht die Entlassung des Hausmeisters fordern sollen – Strafe gegen Strafe –. Dazu kommt es jedoch nicht, wahrscheinlich wurden sie durch Argumente von der Lehrerin und von Eltern davon abgehalten.

Mit Einfallsreichtum und Risikobereitschaft haben die Kinder versucht, ihren Wunsch nach einer Schlitterbahn entgegen der Pausenordnung der Schule zu verwirklichen. Sie wurden erwischt und bestraft. Ihre erste Reaktion ist die Beschwerde beim Rektor und die Überlegung, ob der Hausmeister wegen seiner groben Beschimpfungen nicht entlassen werden müsse. Damit überschätzen sie ihre Möglichkeiten maßlos und können erst durch die Einwände und Argumente anderer Erwachsener davon abgebracht werden. Eine kleine Rache ist vielleicht das ironisch überhöhte Muss-Schuldbekenntnis.

Die Kinder praktizieren dasselbe Muster wie die Schule, und es muss nachdenklich stimmen, was die Schule auf diese Weise den Kindern beibringt: Die einzige Reaktion ist, darüber nachzudenken, mit welcher Strafe das Vergehen geahndet werden könnte. Kein Versuch der Verständigung, keine Belehrung, keine Auseinandersetzung mit den Bedürfnissen oder Motiven der „Täter", kein Nachdenken über andere Lösungsmöglichkeiten, sondern Strafmaßnahmen, die die Kinder veranlassen sich ihrerseits Strafmaßnahmen auszudenken – *auch das kann man in der Schule lernen!*

Die Verantwortlichen in der Schule, das Kollegium und der Hausmeister, hätten auch überlegen können, wie man das Problem anders und nachhaltiger hätte lösen können, da es jetzt sicher nicht ein für allemal bewältigt ist – „ich werde es bestimmt wieder tun". Da Kinder, und nicht nur sie, auch außerhalb der Schulzeit jede Gelegenheit nützen, um auf vereistem Untergrund zu schlittern, und da das Risiko, sich dabei zu verletzen auch nicht größer ist als etwa beim Turnen auf öffentlichen Spielplätzen und auf entsprechenden Geräten im Schulhof, könnte man eine solche Schlitterbahn auf dem Schulhof vielleicht auch zulassen?! Besser und wirksamer als kurzschlüssige Regeln und ein entsprechender Strafkatalog sind manchmal präventive Maßnahmen, die Übertretungen nach Möglichkeit gar nicht erst wahrscheinlich werden lassen.

Das Beispiel zeigt, dass es ein langwieriger und manchmal wohl auch schmerzhafter Lernprozess sein kann *Selbstständigkeit und realistische Selbsteinschätzung in einer vernünftigen Balance zu halten* und Allmachtsphantasien auf den Boden der Realität zurückzuholen. Dies gilt sicher nicht nur für Kinder!

Gabriele Roth

Irene – oder:
Über die Schwierigkeit zu helfen

Als ich Irene das erste Mal treffe, suche ich mein Entsetzen über ihr Aussehen angestrengt zu verbergen. Das gelingt mir nicht. Irene weiß, was sie ausdrückt und wie sie auf fremde Menschen wirkt. Sie gleicht einer Hülle: groß, unförmig, dick, ein langer, grüner, abgerissener schmutziger Mantel, den sie auch bei der größten Hitze nicht auszieht. Ihre tiefschwarzen Augenringe ziehen sich bis zu den Backenknochen hin. Diese Ringe, so sagt die 22jährige, habe sie seit ihrer Kindheit. Ihre Unterarme sind an keiner Stelle ohne offene Wunden, die sie sich durch das Aufritzen der Haut mit Messern oder Scheren zufügt. Sie geht nicht, sie bewegt sich mühsam, mit hängenden Schultern und mit stets ängstlichem Blick durch die Straßen. So wie sie vor mir steht, drückt sie nichts Eigenes aus, keine Erwartungen, keine Freude, keine Ablehnung. Schweigsam folgt sie mir ins Beratungszimmer und wartet auf mein Tätigwerden.

Während dieser ersten Begegnung in den Räumen von „Wildwasser e.V." (Verein gegen sexuelle Gewalt) berichtet sie fast ausdruckslos, sie sei in ihrer Kindheit von ihrem Pflegevater sexuell missbraucht und körperlich schwer misshandelt worden. Auch ihr Schwager habe sie und ihre Schwester geprügelt. Im Kinderheim sei sie von einem Erzieher missbraucht worden. So sei das weiter gegangen und noch jetzt, als junge Frau, werde sie immer wieder von fremden Männern angesprochen, geprügelt und vergewaltigt. Sie reiht die Täterkette monoton aneinander, ohne jede Regung, ohne mich anzusehen. Auf meine Frage, ob es in ihrem Leben Phasen ohne körperliche Gewalt, Missbrauch und Vergewaltigung gegeben habe, antwortet sie entschieden mit „Nein!".

Während der nächsten Gespräche gelingt es mir nur allmählich, mit ihr in Blickkontakt zu kommen. Sie ist still, fast scheu, redet nicht viel. Fragen beantwortet sie nur mühsam und unter großer Anstrengung, auch die, die sich nicht auf ihre Gewalterfahrungen beziehen. Mir stellt sich dabei immer wieder die Frage, wie ein Kind solche Gewalt überleben kann. Welch unbeschreibliche Kraft musste dieses Kind aufbringen um zu überleben. Irene erscheint mir wie ein Fall aus einem Lehrbuch. Es gibt nichts, keine Verletzung, keine Vernachlässigung, keine Gewalterfahrung, die sie nicht erleben musste: Mutter früh gestorben, Vater Alkoholiker, viele Geschwister, Armut, Jugendamt, Pflegefamilie, Heim, Sonderschule, Psychiatrie … und immer wieder all diese Gewalt. Aus ihren Berichten erfahre ich ihre Überlebensstrategien: Weglaufen, Alkohol, Drogen, Prostitution, Selbstverletzungen, Fettsucht, Verwahrlosung, Passivität, Depression …

Was sie möchte? Welche Erwartungen hat sie an mich? Sie möchte raus aus der Wohngruppe, in der sie jetzt lebt. Heraus an einen Ort, an dem sie sich sicher fühlt und nicht mehr so allein. Vor allem nachts, wenn sie wieder diese schrecklichen Erinnerungen hat. Wenn sie wieder in diese Panikzustände gerät und Angst hat, sich umzubringen, weil der Pflegevater wieder und wieder gegenwärtig ist, weil sie die Gewalt, die Schmerzen spürt; weil sie denkt, sie wird verrückt. Vor allem aber möchte sie nicht mehr vergewaltigt werden, aber sie weiß nicht, wie ihr das gelingen soll. Sie kann sich nicht wehren, kann keine Grenzen ziehen. Das hatten ihr die Sozialarbeiter/innen und Therapeut/innen als Schutzmaßnahme gegen die Übergriffe immer wieder geraten. Oft kann sie nicht allein auf die Straße. Da ist diese panische Angst vor immer neuen Übergriffen. Hinzu kommt die Scham, das Gefühl, total versagt zu haben: kein Schulabschluss, Arbeitslosigkeit, Sozialhilfe. Ein eigenständiges Leben – außerhalb eines Heims oder sonst einer Einrichtung, ohne die Hilfe von Erzieherinnen oder Sozialarbeiterinnen – kann sie sich nicht vorstellen.

Es ist nicht einfach, die richtige Einrichtung für Irene zu finden. Ich vertröste sie am Telefon, bei Gesprächen in der Beratungsstelle. Aber sie kommt immer wieder, ruft fast täglich an. Ihr Drängen – entgegen ihrer sonstigen Passivität und Ängstlichkeit – erkläre ich mir damit, dass sie dort, wo sie jetzt wohnt, sehr oft alleine ist, keine Kontakte hat, keiner Beschäftigung nachgeht. Sie sagt, sie fühle sich in dieser Einrichtung aufgrund ihrer Missbrauchserfahrungen nicht richtig verstanden. Sie möchte mit Mädchen und Frauen zusammensein, die ihre Erfahrungen teilen. Während der folgenden Gespräche berichtet Irene weniger blockiert von den Gewalterfahrungen und sie erklärt, sie habe die feste Absicht eine Therapie zu machen. Sie nährt so meine Hoffnung, die Beratungsgespräche im Hinblick auf eine solche Therapie bald beenden zu können. Gleichzeitig halten mich jedoch ihre aktuellen Vergewaltigungserfahrungen an Bahnhöfen und in Parks davon ab, die Beratung zu beenden. Außerdem erweist es sich als überaus schwierig, eine Wohngruppe für Irene zu finden.

Nach Wochen ist eine solche Einrichtung gefunden. Alles ist geklärt und bestmöglich abgesprochen. Ich bin erleichtert und habe das Gefühl endlich Verantwortung abgeben zu können. Doch kurz vor dem Umzug teilt mir die zuständige Sachbearbeiterin im Sozialamt mit, der Leiter der Wohngruppe blockiere den Wechsel. Was soll das nun plötzlich? Es war doch alles einvernehmlich in die Wege geleitet! Der ganze Aufwand über Wochen umsonst? Ich beginne skeptisch zu werden. Noch am gleichen Abend spreche ich mit Irene am Telefon. Sie ist sehr verzweifelt, hilflos, aufgelöst. Ich kann sie kaum beruhigen. Im Verlauf des Gesprächs offenbart sie mir, dass dieser Leiter der Wohngruppe – ihr Psychologe – sie seit Monaten sexuell missbrauche. Ich schwanke zwischen Wut auf den Typ, Mitgefühl für Irene und Ungläubigkeit. Wohin jetzt mit ihr? Auf die Straße? Zur Bahnhofsmission? Zu mir? Nein, das geht auf keinen Fall, diese Nähe halte ich nicht aus! Zunächst schlage ich ihr daher vor, ins Frauenhaus zu gehen. Sie überlegt nicht lange, packt das Notwendigste zusammen, und ich hole sie gemeinsam mit einer Mitarbeiterin des Frauenhauses ab. Zwischen all diesen Aktionen gehe ich mit Zweifeln an ihren Aussagen um: Stimmt das alles? Ist das möglich? Einerseits möchte ich diesen sogenannten Therapeuten am liebsten sofort anzeigen, denn ich sehe all die Kinder und Frauen vor mir, die sich nicht wehren können, abhängig sind. Andererseits erlebe auch ich mich im Glauben an die Seriosität eines Therapeuten, dagegen steht die Aussage eines Mädchens, das keinen Schulabschluss hat und keineswegs dem Bild einer „Lolita" entspricht. Will Irene so möglicherweise jene Aufmerksamkeit und Fürsorge erheischen, die sie nie bekommen hat?

Irene lebt nun im Frauenhaus. Zunächst nimmt sie wenig Kontakt zu den anderen Frauen auf. Vieles muss geklärt werden: Sozialhilfe, Kleidung usw. Sie geht anfangs nicht alleine aus dem Haus, weil sie sich sehr vor möglichen Angriffen des Therapeuten fürchtet. Noch immer fühlt sie sich unter seinem Druck, fühlt sich seiner Macht hilflos ausgesetzt. Anzeige, Widerstand – daran ist nicht zu denken. Was sie will, kann sie nur schwer formulieren. Nachts schläft sie noch immer wenig. Die Tage verbringt sie mit Herumsitzen und Fernsehen. Ab und zu schließt sie sich vollkommen passiv den Aktivitäten der anderen Frauen an. Wie sie an ihre Sozialhilfe kommt, was außerdem zu erledigen wäre, ist ihr nicht klar. Sie wartet darauf, dass andere ihr sagen, was wie zu tun ist.
Noch immer halte ich im Rahmen meines ehrenamtlichen Engagements Kontakt zu ihr. Ich hatte sie ins Frauenhaus gebracht und solange sie an keinem anderem Ort ist, an dem sie langfristig bleiben kann und angemessene Hilfe bekommt, möchte ich sie begleiten. Dieser Ort ist zwar noch nicht gefunden, doch ich wähne sie im Laufe der nächsten Wochen auf einem neuen Weg. Dann ein Anruf von ihr: Sie sei wieder vergewaltigt und geschlagen worden. Beginnen die Mechanismen wieder zu greifen? Am nächsten Tag berichtet sie davon, wie sie in irgend einem Park vergewaltigt und geschlagen wurde. Sie wurde tatsächlich geschlagen, das ist nicht zu übersehen. Ein Auge blau, geschwollene Arme, überall am Körper Schürfwunden und blaue Flecken, sie kann sich kaum bewegen vor Schmerz. Ein Gefühl von Wut und Ohnmacht überkommt mich, wenn ich mir vorstelle, dass sie durch die Straßen läuft und jedem zur Verfügung steht. Und ich werde auch wütend auf sie. Weshalb geht sie aus dem Haus, wenn sie weiß,

dass sie sich nicht schützen kann? In weiteren Gesprächen wird mir klar, sie kann die Angstzustände alleine in ihrem Zimmer nicht aushalten. Sie schneidet dann an sich herum, versucht so die Erinnerungen zu verdrängen, die sich ihrer bemächtigen. Immer wieder diese Situation, diese Angst, das Gefühl: jetzt steht der Pflegevater wieder vor ihr. Dann läuft ein Muster ab, immer und immer wieder: Sie geht hinaus, sie sucht und wird gefunden, vergewaltigt, benutzt, ausgespuckt – schrecklich, aber vertraut. Ihr „Hilfsmittel" gegen Angstzustände, Panik, Verlassenheit. Eine andere Erfahrung kennt sie offenbar nicht. Zu diesen Re-Inszenierungen gehört auch das Gefühl: „Du bist schlecht! Du bist schmutzig! Du bist eine Hure! Du taugst zu nichts anderem!"

Immer und immer wieder werden positive Ansätze durchkreuzt: So kommt es abermals zu einer Vergewaltigung; Irene ist schwanger, sie hat Termine bei der §-218-Beratung. Über die Frage, ob sie dieses Kind austragen soll und kann, ist nicht nachzudenken. Termin bei der Ärztin, Schwangerschaftsabbruch. Zwischendurch habe ich genug. Ich fange an, tief durchzuatmen, wenn sie mit zaghafter, ängstlicher und gequälter Stimme erneut von Gewalt, Angst, Schmutz und Erniedrigung berichtet. Ich kann es nicht mehr hören. Ich möchte, dass sie etwas ändert an ihrer Situation.

Auch die Sozialarbeiterinnen im Frauenhaus werden ungeduldig: „Das ist nicht der richtige Ort für sie. Sie läuft nachts weg. Sie wird ständig vergewaltigt; und wir können sie nicht schützen. Wir sind keine therapeutische Einrichtung. Sie ist zu passiv. Sie lässt alles mit sich geschehen …" Wohin mit ihr? In welche Einrichtung? Sie möchte nicht in eine andere Stadt. Aber wie soll sie, vor allem welches Leben leben, ohne Wohnung, Geld, Berufsausbildung. Die Sozialarbeiterinnen schlagen ihr erneut eine psychiatrische Tagesklinik vor, aber in die will sie nicht. Sie ist nicht verrückt, wie sie sagt. Aber wohin dann? In welche Einrichtung? Wer übernimmt die Kosten? Auch ich telefoniere herum. Höre aber immer nur: „Kein Geld! Kein Platz! Solche Fälle können wir nicht aufnehmen, zu problematisch."

Welche Hilfestellungen gibt es in dieser Gesellschaft für Menschen wie Irene? Welche Hilfen will Irene? Zu diesem Zeitpunkt stelle ich fest: Für eine junge Frau wie Irene gibt es offensichtlich nur drei Wege: Prostitution, für einen Zuhälter arbeiten; irgend einen Mann finden, der sie aushält und dem sie dafür entsprechende Dienste zu erbringen hat; oder eben ganz auf der Straße leben, obdachlos sein und betteln. Eigenständigkeit, selbstbestimmt leben, das hat Irene nicht gelernt, auch nicht in all den Jahren, in denen sie in Heimen gewesen ist und dort auf das „normale" Leben hätte vorbereitet werden sollen.

Von den Sozialarbeiterinnen im Frauenhaus vor die Alternative „Klinik" oder „Obdachlosenhilfe" gestellt, entscheidet sich Irene für einen Klinikaufenthalt. Die Situation in der psychiatrischen Klinik spitzt sich jedoch bereits nach kurzer Zeit zu, denn auch hier wird Irene auffällig, weil sie während ihrer Freizeit, die sie in Geschäftsstraßen oder im Stadtpark verbringt, „Aussetzer hat", wie sie sagt, und von Gewalt berichtet. Die betreuende Ärztin veranlasst deshalb, dass Irene nur noch in Begleitung von Pflegepersonal das Haus verlassen darf und erhöht die Dosis an Medikamenten. Irene, die sich total eingesperrt und durch die starken Medikamente benebelt und ohnmächtig fühlt, möchte so schnell wie möglich wieder aus der Klinik. Sie packt ihre Sachen und ist fest entschlossen, auf der Straße zu leben.

Als nunmehr Obdachlose bekommt sie in einer anderen Stadt – nach fünfstündigem Hin und Her auf dem Sozialamt – vorübergehend ein Zimmer in einer Pension und Sozialhilfe. Unter dem Druck der Situation gelingt es mir, Irene zunächst in einer Einrichtung für obdachlose Frauen unterzubringen. Die Kostenübernahme ist zwar nicht geklärt, aber die Sozialarbeiterinnen lassen sie – unter Vorbehalt – einziehen. Irene ist jetzt klar, wie sie sagt, dass sie sich jetzt zusammenreißen und den Anforderungen entsprechen muss, die man dort an sie stellt, weil sie sonst „durchfällt". Sie ist, als wir uns am Vormittag des ersten Tages in der neuen Einrichtung verabschieden, entschlossen, jetzt mehr darauf zu achten, dass sie nicht wieder in diese destruktiven Situationen kommt. Doch noch am gleichen Abend fährt sie mit einer anderen obdachlosen Frau in die nächste Stadt und wird dort von der Polizei aufgegriffen: Alkohol, Drogen, eine Schlägerei zwischen rivalisierenden Zuhältern.

In den Tagen und Wochen danach nimmt Irene an der Arbeitstherapie in einer Gruppe teil, wie dies die Einrichtung verlangt. Zweimal wöchentlich hat sie ein Beratungsgespräch bei einer Sozialarbeiterin. In ihrem Zimmer und im Gemeinschaftsraum hält sie sich in den ersten Monaten kaum auf, auch sucht sie wenig Kontakt zu den Mitbewohnerinnen. Die Plastiktüten, in denen ihre Habe ist, lässt sie unberührt stehen und richtet sich nicht in ihrem Einzelzimmer ein. Sie sitzt stundenlang auf Plätzen in der Innenstadt, häufig zwischen Obdachlosen, unter denen sie sich zu dieser Zeit am wohlsten fühlt. Es gefällt ihr, wie sie sagt, dort herumzusitzen und die Passanten zu beobachten. Das wenige Geld, das sie inzwischen vom Sozialamt bekommt, gibt sie für Zigaretten und Alkohol aus, den sie mit ihresgleichen teilt. Während sie vom frühen Nachmittag bis tief in die Nacht durch die Geschäftsstraßen zieht, wird sie immer wieder von Männern angesprochen. Für Essen, Zigaretten, Alkohol oder auch nur das Gefühl, nicht allein zu sein, geht sie mit diesen Männern mit.

Irgendwann wird sie auf der Straße von Mitgliedern einer religiösen Sekte angesprochen, die sie in ihr „Gotteshaus" einladen. Von der Intensität der Gefühle und Überzeugungen dieser Menschen ist Irene total begeistert; sie fühlt sich angenommen und hat sofort engen Kontakt zu einer älteren Frau, die sich um sie kümmert, um sie in die neue Gemeinschaft einzuführen. An den Gesprächen und Ritualen der Sekte nimmt Irene regelmäßig teil und sieht darin nun ihren Weg, die Gewalterfahrungen ihrer Kindheit und Jugend zu verarbeiten. Vorübergehend ist sie daher voller Hoffnung und

Lebensfreude. Doch auch diesen Kontakt bricht Irene bald wieder ab, als sie spürt, dass sie, wie sie selbst sagt, „lästig" wird und die zunächst scheinbar ernst gemeinten Freundlichkeiten und Beziehungsangebote immer häufiger ausbleiben. Erneut beginnt eine Phase der absoluten Passivität. Irene zieht wieder durch die vollen Einkaufsstraßen, weil sie sich in der Anonymität nicht einsam und verlassen fühlt. Die Gesprächstermine bei der betreuenden Sozialarbeiterin im Haus für wohnsitzlose Frauen nimmt sie nur noch unregelmäßig wahr. Der Arbeitstherapie geht sie, so oft es geht, aus dem Weg, weil ihr das „Basteln und Tonen zu blöd ist". Nur zu einer Mitbewohnerin, die in ihrem Alter ist und auch massive Missbrauchserfahrungen hat, nimmt sie ganz allmählich eine verbindlichere Beziehung auf, während ihr die übrigen Frauen mit ihren Problemen schnell zuviel werden.

Nach einem halben Jahr ergibt sich die Möglichkeit, dass Irene an einer Berufsschule in einer Förderklasse den Hauptschulabschluss nachholen kann. Sie ist zwar mit 23 Jahren bereits überaltert; aber der Schulleiter ist nach einem Gespräch bereit, eine Ausnahme zu machen, da Irene sehr motiviert ist und auch ich – neben der Klassenlehrerin – meine Unterstützung zusichere. Obwohl sie in aller Regel nachts ihrer Angstzustände wegen kaum schlafen kann, geht sie täglich zur Schule, und das Lernen in der Förderklasse, in der neben ihr noch fünfzehn junge Frauen sind, fällt ihr sehr leicht. Irene ist anerkannt und fühlt sich ernst genommen. Die schulischen Erfolge, vor allem im Unterrichtsfach Deutsch, geben ihr Selbstwert und sie berichtet in dieser Zeit voller Stolz von ihrem Gefühl „normal zu sein", „endlich wie alle anderen zur Gesellschaft zu gehören".

Doch nach drei Monaten stellen sich ihre „Aussetzer" auch dort während des Unterrichts wieder ein. Irene kommt jetzt immer häufiger mit Schürfwunden und Verletzungen im Gesicht in die Schule. Öfter meldet sie sich morgens telefonisch krank oder verlässt die Schule bereits nach einer oder zwei Schulstunden mit der Entschuldigung, sie fühle sich krank, stehe unter Druck und habe Angst davor, die Kontrolle über sich zu verlieren und so die Mitschülerinnen durch ihr Verhalten erneut zu schockieren. Nach vier Monaten meldet sie sich wochenweise krank, kommt schließlich unentschuldigt überhaupt nicht mehr zum Unterricht.

Nachdem Irene somit die Schulausbildung abgebrochen hat, sind die Kostenübernahme für die Unterbringung im Haus für wohnsitzlose Frauen und der Erhalt der Sozialhilfe nicht mehr gesichert. Der betreuenden Sozialarbeiterin gelingt es zwar noch einmal, die Maßnahme bis zum Jahresende zu verlängern, aber das Sozialamt ist danach nicht mehr bereit, weitere Unterstützungsleistungen an Irene zu zahlen. Wie es danach weiter gehen soll, weiß Irene nicht. Und auch ich habe das Gefühl, wieder ganz am Anfang zu stehen.

Herbert Schaible

„Das hieße ja nicht, dass du gar nichts mehr mit mir machen dürftest ..." –

Selbstständigkeit behinderter Menschen – ein Jonglieren mit Abhängigkeiten?

„Wenn Kinder und Jugendliche die Initiative ergreifen ..." – bei der Einladung zu diesem Buchbeitrag erinnerte ich mich an ein Gespräch, das ich vor Wochen mit dem Vater von Annemone, einer behinderten jungen Frau, geführt hatte. Die 26-jährige Tochter hatte ihm per E-Mail mitgeteilt, sie werde eine Generalvollmacht ausstellen und zwar nicht ihm oder sonst einem Familienangehörigen, sondern einer dritten Person. Zwei Monate später lag die notariell beurkundete Generalvollmacht vor, beglaubigt mit Unterschrift und Siegel.

Es ist sicher nicht alltäglich, dass junge Erwachsene solche Rechtsgeschäfte tätigen, die selbst im bürgerlichen Milieu erst im fortgeschrittenen Lebensalter angezeigt erscheinen, um für den Ernstfall vorzusorgen. In der Regel wird man auch Personen aus dem Familien- oder Freundeskreis benennen, die im Krisenfall stellvertretend tätig werden sollen. All dies ist hier nicht geschehen, und dies hat den Vater verunsichert, verärgert und verletzt.

Vieles erklärt sich, wenn man weiß, dass die junge Frau seit Geburt schwer körperbehindert ist und abgesehen von der Kindergartenzeit ihren Bildungs- und Lebensweg überwiegend in Sondereinrichtungen wie Körperbehindertenschule, Wohnheim oder Beschützender Werkstatt zugebracht hat. Der Alltag solcher Kinder und Jugendlicher ist viel umfassender als bei ihren Altersgenossen durch institutionelle Regelungen strukturiert. Rechte und Spielräume müssen ausgelotet, sächliche und personbezogene Hilfen ausgehandelt werden, wenn Hilflosigkeit und Abhängigkeit auf ein erträgliches Maß reduziert werden sollen. Daneben steht in vielen Fällen das Elternhaus bereit, das nicht nur formal den zweiten Wohnsitz bietet, sondern auch auf der Beziehungsebene und über praktische Hilfen oder finanzielle Zuwendungen das soziale Netz ergänzt. Diese „zweite Heimat" ist allerdings mit zunehmendem Lebensalter immer weniger in der Lage, eine belastbare Gegenwelt zu bieten und unbefriedigte Bedürfnisse zu bedienen. Eltern, die ihre nahezu erwachsenen, behinderten Kinder ins Wohnheim verabschieden, zeigen ja damit ihre eigene Überforderung und signalisieren selbst Hilfsbedürftigkeit.

Im Folgenden wird der Versuch unternommen, auf der Grundlage der Informationen des Vaters die Logik der Entscheidung der jungen Frau frei zu legen. Ihre Entscheidung erfolgte offensichtlich nicht spontan, sie ist zweifellos durch Annemones Persönlichkeit und Lebensweg bestimmt, worüber schon an anderer Stelle berichtet wurde (Schaible 1997). Diese Entscheidung ist aber auch eine Folge der rechtlichen Rahmenbedingungen und der Art und Weise, in der die im konkreten Fall Beteiligten diese auslegten und nutzten.

Zwischen Betreuungsverhältnis und Geschäftsfähigkeit

Wenn jugendliche Behinderte ihr achtzehntes Lebensjahr vollenden und volljährig werden, erwerben auch sie den Status der Geschäftsfähigkeit. In der Praxis verläuft dieser Übergang meist unspektakulär, denn die geschäftlichen Angelegenheiten werden meist wie schon zuvor unter der Assistenz von Wohnheimbetreuern und Eltern geregelt. Dies galt so auch für Annemone. Allerdings war es für sie seit jeher wichtig, dass in entsprechenden Situationen deutlich wurde, wer das Sagen hatte: Bei Arztbesuchen, Einkaufsaktionen oder beim Schriftverkehr mussten entsprechende Vermittlungsrituale eingehalten werden. Begleiter, die diese Assistenzregeln verletzten, wurden gemieden.

Es gab in diesem Zusammenhang auch Situationen, in denen diese „Rollenspiele" misslangen. Eine wiederkehrend unbefriedigende Situation war zum Beispiel mit der Anmeldung zu Behindertenfreizeiten verbunden, die von der Einrichtung, in der Annemone untergebracht ist, jährlich zweimal angeboten werden. In einem mehrseitigen Anmeldeformular werden Personalien, spezielle Handicaps, diverse Pflege- und Hilfsmittelbedürfnisse abgefragt. Annemone, die nur am Computer einigermaßen flüssig schreiben kann, diktierte in der Regel die notwendigen Einträge ihrer Mutter oder einer Betreuerin, unterschrieb, fuhr die Post per Rollstuhl zur Sachbearbeiterin, die ihr Büro im selben Gebäude hatte, und erhielt dann regelmäßig den Antrag mit dem Hinweis zurück, dass vor einer Bearbeitung beide Elternteile zu unterschreiben hätten.

Dieser Ablauf, der über die Jahre hinweg nur wenig variierte, war für die Antragstellerin ein deutlicher Beweis dafür, dass ihre Geschäftsfähigkeit einfach nicht anerkannt wurde. Im Elternhaus überspielte man die Kränkung und sah es gelassener: *„Deine* Unterschrift ist entscheidend. Wir können eigentlich gar nicht mehr für dich unterschreiben. Aber wenn es die einzige Möglichkeit ist, überhaupt teilnehmen zu können, dann unterschreiben wir alle, zur Not auch noch die Oma!"

Seit 1992 ist das Gesetz zur Reform des Rechts der Vormundschaft und Pflegschaft für Volljährige (Betreuungsgesetz - BtG) in Kraft. Es bietet gegenüber dem früheren Recht, das die Vormundschaft für behinderte Menschen primär durch Entmündigung regelte, wesentliche Verbesserungen. In Annemones Behinderteneinrichtung wurden Angehörige und Bewohner in zahlreichen Informationsveranstaltungen über diese Neuerung informiert. Die Absicht war klar: Man wollte zumindest die engagierten Eltern dazu bringen, die individuelle Situation ihrer volljährigen Kinder vorausschauend zu bedenken und sich gegebenenfalls als Betreuer für die persönlichen und/ oder vermögensrechtlichen Angelegenheiten bestellen zu lassen. Der mit der Volljährigkeit erreichte Anspruch auf Selbstvertretung sollte mit den faktischen Gegebenheiten in Einklang gebracht werden.

Annemone hat solche Rechtsinformationen mit großem Interesse aufgenommen. Auch die Familie machte sich kundig und nach vielen Gesprächen und wechselnden Konzepten war man sich einig, dass für Annemone kein Betreuungsverhältnis angestrebt werden sollte, da sie sich im Rahmen der geschützten Umgebung in der Lage zeigte, ihre Angelegenheiten selbst zu regeln. Ihre Kompetenz bewies sie bei der zeitlichen Planung ihrer Pflicht- und Freizeitphasen während der Woche, bei der Verabredung mit Freunden, der Bestellung und Verwaltung ihrer Freifahrten mit dem Behindertentaxi, der Beantragung und Organisation von Therapiemaßnahmen (Rezepte, Krankengymnastik, psychologische Beratung, Akupunktur). Außerdem war sie in gewählter Funktion in Wohnheim und Behindertenwerkstatt in verschiedene Vertretungsgremien integriert und arbeitete dort aktiv mit.

Ihr Vater konnte sich unter diesen Voraussetzungen auf Unterstützung und Gegenwirkung bei außergewöhnlichen Ereignissen beschränken: Die wenigen Veränderungen auf dem Girokonto ließen sich online kontrollieren, dramatische Telekom-Rechnungen mussten nur selten angemahnt werden, und es galt nur einmal den Versuch eines Zivis abzuwehren, der sich daran machte, das Girokonto zu plündern.

Ansonsten war Unterstützung angesagt beim Ausfüllen besonderer Formulare (zum Beispiel Rundfunkgebührenbefreiung), bei der Ablage des Schriftverkehrs oder bei Auseinandersetzungen mit der Krankenkasse wegen der Finanzierung eines neuen Rollstuhls. All dies ließ sich im Rahmen der wöchentlichen Treffs im Elternhaus regeln. Annemone hielt sich überdies immer eine Reihe durchaus wechselnder Ansprechpartner, die jeweils problembezogen angefragt werden konnten. Der Vater war mit dieser Situation zufrieden und darauf stolz, wie seine Tochter ihr Leben meisterte.

Entscheidung für eine neue Abhängigkeit?

Zum Geburtstag bekam Annemone von den Eltern einen Gutschein für ein Beratungsgespräch bei einer Rechtsanwältin. Die Familie hatte sie auf einer Informationsveranstaltung als Fachfrau für Behindertenrecht kennen gelernt. Vater und Tochter nahmen gemeinsam den Termin wahr. Die Rechtsanwältin kam im Gespräch mit Annemone gleichfalls zum Urteil, dass für sie kein Betreuer bestellt zu werden brauche. Annemone solle stattdessen vor einem Notar ihrem Vater eine Vollmacht ausstellen, die ihm ermögliche, in Krisensituationen für sie zu handeln. Eine solch notariell beglaubigte Vollmacht sei auch insofern sinnvoll, als damit explizit die Geschäftsfähigkeit von Annemone festgestellt werde. So habe die junge Frau dann auch eine Handhabe, wenn es gelte, diskriminierende Vorbehalte abzuwehren. Man schien sich rasch einig. Der Vater nutzte die weitere Beratungszeit auch, um die Abfassung eines Behindertentestaments in Auftrag zu geben. Diese Thematik nahm sehr viel mehr Zeit in Anspruch.

Wochen später, auf der Fahrt von einer Routineuntersuchung in der Klinik zum Wohnheim, kündigte Annemone ihrem Vater stolz eine E-Mail an. Obgleich er bemerkt hatte, dass sie mit dem Beratungsgespräch nicht ganz zufrieden gewesen war, überraschte ihn der Inhalt.

Hai,
Wie hoch ist mein Einkommen, wenn man alles zusammen nimmt. Ich meine mit den ganzen Sparbüchern?
Würde es über 2100 hinausgehen?
Hab mich noch mal mit der Generalvollmacht beschäftigt (...).
Es ist also egal, wem ich die Vollmacht überschreibe, zahlen muss ich so oder so, wenn's den oben genannten Betrag überschreitet.
Da wir uns ja zumindest in dem Punkt einig sind, dass das mit der Vollmacht noch vor der Sommerpause geschehen soll, um Frau N. unter anderem ein Ende zu bereiten (gemeint ist das Anmelderitual zur Freizeit, d.Vf.), habe ich folgenden Entschluss gefasst!!!!!!!!!
Da ich mir sicher bin, dass das unser Verhältnis nicht gerade prägt, wenn ich dir nun auch noch die Generalvollmacht überschreiben würde!
Dies ist kein Theater, was ich mache, wie du immer so schön sagst, sondern Tatsachen!
Ich hätte eine Person schon sicher, der ich dies gern übergeben würde!
Schreib mir zurück!

Und auf einen sehr langen, sehr argumentativen Brief ihres Vaters ergänzte sie:
Ich will dir es nicht reindrücken! Ich verstehe auch deine Seite. Das hieße ja nicht, dass du gar nichts mehr mit mir machen dürftest, wenn ich nen anderen hätte, dem ich die Vollmacht übergebe!
Das Schwimmen und das Fahrrad fahren würden dir trotzdem noch bleiben und andere Dinge auch!

Der Rest ist rasch erzählt. Annemone realisierte ihre Ankündigung. Es gelang ihr eine ehemalige Betreuerin aus der Werkstatt als Generalbevollmächtigte zu gewinnen. Sie nahm Kontakt mit einer Notarin auf und konnte dort ihre Angelegenheiten überzeugend vertreten. Wenig später ließ sie ihren Vater die Dokumente lesen: ein Testat, in dem die augenscheinliche Geschäftsfähigkeit festgestellt wird, eine Generalvollmacht über die vertretungsweise Regelung der persönlichen und finanziellen Belange und eine Vorsorgevollmacht, in der auf Tod und Leben die Bevollmächtigte berechtigt wird, im gegebenen Fall in ärztliche, medizinische oder unterbringungsbezogene Maßnahmen einzuwilligen.

Das vorläufige Ergebnis: Annemone hat ihr Ziel konkreter Selbstbestimmung mit Initiative und Ausdauer erreicht. Ob sie die erlebte Abhängigkeit nur gegen eine riskante Alternative getauscht hat, bleibt abzuwarten. Die erteilte General- und Vorsorgevollmacht kann allein Annemone widerrufen. Signalisiert die Aktion eher ein hilfloses Suchen und Rudern, das seinen Grund in einer nicht bewältigten Behinderung hat? Der Vater sieht jedenfalls seine Lage ernüchtert. Nicht nur der Sicherheitsplan für seine Tochter, auch sein Selbstverständnis hat Risse bekommen, weil seine Rolle als Vater, Alltagsbegleiter, Finanzberater und Ko-Therapeut nun reduziert wird auf die Aufgaben eines mobilen sozialen Dienstes. Ob er sich darauf einlassen kann, weiß er noch nicht.

Literaturhinweis
Bundesministerium der Justiz (Hg.): Das Betreuungsrecht. Berlin 2000 (11. Ausgabe).
Schaible, H.: Die verkehrte „1". In: Hiller, G.G. und Nestle, W. (Hg.): Ausgehaltene Enttäuschungen. Langenau-Ulm 1997, S. 84-87.

Hans Schell

„Der wird wie sein Vater ..."

Es ist Frühjahr. Drei, vier junge Männer sind auf einer Baustelle mit Schubkarre und Schaufel, mit Schalbrettern und Baustoffen zu Gange. Mein Interesse gilt jedoch eher dem entstehenden Neubau, den aus der Erde wachsenden Grundrissen. Da höre ich durch den Bauzaun eine mir vertraute Stimme mit leicht osteuropäischem Akzent: „He, schaut mal, da geht mein Professor!" Ich schaue den freundlich lächelnden Jugendlichen an. Er ist noch immer schmal wie damals, gegen Ende seiner Schulzeit. Und mit seinen großen Augen wirkt er noch immer eher kindlich. Erstaunt legt er seine Schaufel zur Seite, kommt zum Bauzaun und begrüßt mich mit Namen, obwohl er mich seit einigen Jahren nicht mehr gesehen hat. Frank fragt nach meinem Befinden und ruft seine Kumpel herbei, erzählt spontan, dass ich mit ihm Aufgaben – so Tests – gemacht hätte. Er berichtet über seine jetzige Tätigkeit als Maurer und winkt mir, nachdem er wieder zu seinem Schalmaterial zurückgekehrt ist, noch einmal zu.

Ist es Zufall, dass mir nach mehreren Jahren Franks Aussehen noch immer präsent ist, dass ich seine Stimme und Sprache noch immer im Ohr habe, dass er mit so großer Freundlichkeit zum Bauzaun kommt? Liegt das an jenem gemeinsamen Lösen von Aufgaben, bei dem ich ihm durch verschiedene positive Verstärkungen zu Erfolgserlebnissen verhelfen konnte? – Wohl kaum. Mit Frank hat es in der Tat eine besondere Bewandtnis.

Damals war Frank in der siebten Klasse einer Förderschule. Seine beiden Lehrerinnen und die Rektorin der Schule, die ihn hinter vorgehaltener Hand als einen der schwächsten Schüler der Einrichtung bezeichnete, waren der Meinung, man müsse mit Hilfe einer pädagogisch-psychologischen Untersuchung klären, warum Frank vor allem in Mathematik und Deutsch so erhebliche Schulleistungsprobleme habe. Sie hoben zwar seine Treuherzigkeit und eine unermüdliche Bereitschaft zur Mitarbeit hervor; sie berichteten auch von Lernfortschritten: Das kleine Einmaleins werde er wohl demnächst gelernt haben. Einig waren sie sich aber auch darin, dass Frank in der Klasse auffallend isoliert sei.

Ich führte diese Untersuchung durch. Es kam zu Gesprächen mit Frank, mit seinen Eltern und mit den Lehrerinnen. Ich suchte nach Anhaltspunkten für die offensichtlichen Lern- und Leistungsprobleme in seiner Biographie, in seinem Lebensumfeld und in seinem Lernverhalten. Von seiner Mutter erfuhr ich, Frank habe von Anfang an Schulschwierigkeiten gehabt: Schon zu Beginn seiner Schulzeit, damals in Polen, habe er eine „andere Schule" besucht und sei mit dem Lesen und Schreiben nicht so schnell nachgekommen. Und dann die Umstellung auf den Westen, er habe sich auch in der neuen Klasse (in einer Förderschule) schwer getan; noch heute werde er seiner Sprache wegen gelegentlich verspottet.

Mit der Schule und mit seinen Eltern wurde – wie üblich im Rahmen eines Förderkonzepts – vereinbart, dass Frank künftig vermehrt Einzelhilfe in Mathematik und Rechtschreiben erhalten solle. Mittels gezielter Gruppenbildung und eingebunden in entsprechende Gruppenaktivitäten wollten seine Lehrerinnen dafür Sorge tragen, dass Frank in der Schule tragfähigere Kontakte zu seinen Mitschülern knüpfen kann. Man entwickelte außerdem recht konkrete Vorschläge für mehr Freizeitaktivitäten: Über die im Stadtteil vorhandene Jugendhilfeeinrichtung sollten Kontakte zu Vereinen und zur offenen Jugendarbeit hergestellt werden. Frank sollte in sogenannten „Schnupperkursen" seinen Interessen entsprechend auch außerhalb von Schule und Elternhaus zusätzliche Freunde finden und so – ganz nebenbei – seine Deutschkenntnisse erweitern und erproben können. All dies wurde mit Frank bei ihm zuhause und in Gegenwart seiner Eltern besprochen. Mit seinen großen Augen schaute er mich traurig an, nickte mit dem Kopf und gab mit einem leisen „Ja" sein unentschlossenes Einverständnis.

Schon nach einigen Wochen überschlugen sich die Ereignisse. Eine Elektrofirma hatte Frank Hausverbot erteilt, er war ertappt worden, als er mehrere Gegenstände in seinem Anorak hatte verschwinden lassen. Das teilten mir die Lehrerinnen mit. Wenige Tage nach diesem Vorfall erschien Frank bei mir zu Hause mit einem Schulheft, das er an mich adressiert und in das er mehrere Folgen von Asterix-und-Obelix-Geschichten eingeklebt hatte. Und noch ein zweites Geschenk hatte er für mich dabei, ein von ihm besprochenes Tonband zum Thema *Die Römer*. Seine Ausführungen waren immer wieder unterbrochen durch Wendungen wie „Das ist für Sie, lieber Herr Schell."

Mehrere Tage beschäftigte mich der Versuch, sein gleichzeitiges Schenken und Stehlen zu verstehen. Deutet dieses gleichzeitig absichtsvolle Nehmen und Geben auf Ohnmachtsgefühle hin? Ist es ein Hinweis darauf, dass der lang aufgeschossene, schmale Junge mit der ungelenk überschießenden Motorik sein Bedürfnis nach Etwas-bewirken-können, nach Selbstwert und Anerkennung nicht angemessen befriedigen kann? Ich weiß, der Vierzehnjährige ist noch sehr kindlich im Umgang mit anderen: Noch immer spielt er gerne Märchen im Puppentheater vor. In seiner Freizeit ist er lieber mit

Kleineren als mit den Gleichaltrigen aus der Klasse oder in der Nachbarschaft zusammen. Und da ist ja auch noch seine Sprache, die weder schwäbisch noch hochdeutsch klingt. Wen sollte es wundern, wenn einer wie Frank nicht bald in eine Außenseiterposition gerät und Verunglimpfungen ausgesetzt wird, die vom Hänseln über beleidigende Spitznamen bis hin zum diskriminierenden Übergehen bei Sportspielen reichen können.

Verständlich, dass ein so bedrängter Schüler, dem allenthalben vorrangig gepflegten Bedürfnis nach Besitz nachgibt und mit Gütern, an denen er auch andere teilhaben lässt, mehr Anerkennung und damit auch eine besseres Selbstwertgefühl erlangen möchte. – Doch warum wird Frank ausgerechnet jetzt zum Dieb? Erst vor kurzem hatte er doch ausreichend Beachtung und Verständnis gefunden: Wie oft hatten wir beide miteinander gesprochen, ich hatte seine Eltern besucht, es gab seither unterstützende Aktionen im Unterricht; sein Theaterspiel, sein Schreiben und Rechnen hatten wir mit der Videokamera dokumentiert. Und stets kommentierte er dies alles, auch und gerade die Leistungssituationen, sehr zufrieden. Er hatte es sichtlich genossen, dass und wie er betreut wurde und wie er sich mitteilen und darstellen durfte.

Allem Anschein nach konnte Frank diese Bemühungen nicht wirklich akzeptieren. Sehr wahrscheinlich hatte er mit noch ganz anderen Vorstellungen zu kämpfen, die seinem Bewusstsein kaum zugänglich waren und doch immer wieder auftauchten. Vorstellungen darüber, was ihm in seiner Umwelt bedrohlich erschien und die Entwicklung seines Selbst bedrängte, Vorstellungen, die ihn zum Stehlen zwangen, aber auch dazu, seinen „Betreuer" mit Geschenken erneut zu fordern.

Weil ich nun zu der Überzeugung gekommen war, der Förderplan behandle vorwiegend eher Symptome und erreiche Franks eigentliche Problematik gar nicht, und weil ich die neuerliche Enttäuschung und sein Verhalten mir gegenüber als Hinweise auf tiefe Verletzungen deutete, die ihn belasteten und von denen er sich befreien wollte, entschloss ich mich zu einem zweiten Hausbesuch.

Diesmal war Franks Vater nicht anwesend. Also führte ich das Gespräch mit seiner Mutter. Zeitweise war auch Frank dabei. Die Mutter war sehr erbost über den Diebstahl. Und dann schrie sie in Gegenwart von Frank: „Der wird wie sein Vater, und der ist ein Verbrecher!" Frank duckte sich weg, als erwarte er eine Ohrfeige. Ich war peinlich berührt und versuchte mit einem „So kann man das nicht sehen!" die Situation zu entschärfen und die Äußerung abzuschwächen. Die Mutter hatte Franks leiblichen Vater gemeint. (Es hatte also keiner großen diagnostischen Anstrengungen bedurft, um eine Erklärung für Franks jüngste Verhaltensauffälligkeiten zu finden.)

Im weiteren Gespräch gaben beide zu verstehen, dass auch Franks Stiefvater sich nur wenig um die sozialen und materiellen Bedürfnisse des Jungen kümmere. Er bevorzuge die jüngeren Geschwister, meinte Frank. Seine Geburtstagswünsche – er habe nur ein besseres, kein neues Fahrrad gewollt – blieben unerfüllt, aber die Geschwister bekämen alles. Das war gewiss übertrieben, doch Frank schien häufiger benachteiligt zu werden. Seinem Ärger darüber machte er jetzt Luft.

„Der wird wie sein Vater, und der ist ein Verbrecher!" Dieser gnadenlose Satz ging mir nicht mehr aus dem Kopf. Spätestens seit „Pygmalion im Unterricht" von Rosenthal und Jacobson (1971) wissen wir, welche Wirkungen Vorhersagen auf die Entwicklung von tatsächlichem Verhalten haben. Frank muss sich offensichtlich seit langem mit einer gefährlichen Prophezeiung herumschlagen, die sich nur allzu leicht selbst erfüllt. Selbst wenn sie ihm nur selten so direkt auf den Kopf zugesagt wird, wie jetzt von der verärgerten Mutter, der ich schnell und nachdrücklich widersprechen konnte, wurde und wird ihm ständig, vor allem unterschwellig durch vielerlei subtile Botschaften, vermittelt: Dein Lebensweg als Versager ist vorgezeichnet! Da sind die Klagen über seine Unkonzentriertheit, über seine enttäuschenden Noten, über die fehlenden Freunde. Frank fühlt sich fortgesetzt auf dem Prüfstand, stets kritisch beäugt. All dies verstärkt sein Selbstbild vom verhaltensauffälligen Versager und lässt ihm kaum eine Chance, dem bösen Orakel zu entgehen. Hinzu kommen zahllose, weitere Verunsicherungen in Schule, Unterricht und Alltag. Was Wunder, wenn so ein fatales Selbstwertgefühl entsteht, das die Impulse für unerlaubte Formen von Kompensation freisetzt.

Doch wozu die Geschenke? Ist das Franks Versuch, dem negativen Vaterbild etwas anderes entgegen zu setzen und damit zugleich das ihm aufgezwungene Selbstbild zu verändern? Will er so der Vorhersage entkommen? Jetzt fällt mir auch ein, wie Frank sich immer wieder auf fast kindliche Weise an mir festhalten wollte. Hin und wieder duzte er mich, und keine Anstrengung war ihm zu schwer, um den Anforderungen des betreuenden Dozenten zu entsprechen, ihn nicht zu enttäuschen.

Diesem Streben nach einem anderen Vaterbild konnte freilich ein Förderplan mit spezifischen Hilfen im Bereich Mathematik und Deutsch oder mit Anregungen zu einer besseren sozialen Integration kaum entsprechen. Überdeutlich gab Frank dem Beratungs- und Betreuungsteam zu erkennen, dass er auf der Suche nach männlichen Vorbildern war, von denen er eine neue Chance erwartete, für sein Selbst, sein Leistungsverhalten und sein soziales Integriertsein.

Forscht man nach den Motiven für Franks Suche nach Anerkennung, so lässt sich vermuten, dass der Verlust des leiblichen Vaters eine erste nachhaltige Enttäuschung war. Dieser hatte ihn und die Familie verlassen, als Frank noch ein kleines Kind war, – wir wissen es nicht. Vergleichsweise sicher ist dagegen, dass die Mutter mit ihrer, wie sie einräumte, des öfteren geäußerten Bemerkung, Franks Vater sei ein Verbrecher, ihrem Sohn nicht nur eine schwere Kränkung zugefügt, sondern die Entwicklung eines negativen Vaterbildes und eines entsprechend negativen Selbstbildes bei ihm hervorgerufen und durch die wiederholte, wenig kontrollierte Zuschreibung fortgesetzt bestätigt und aufrecht erhalten hatte.

Mit seinem Verhalten hatte Frank mich zu neuen Recherchen und neuen Überlegungen gezwungen. Jetzt galt es eine zweite Beratungsrunde in Gang zu setzen mit dem Ziel, den Förderplan so zu verändern, dass Frank ein positives Vaterbild entwickeln konnte.

Die Mutter wollte ich davon überzeugen, dass eine weitere Verfestigung des negativen Selbstbildes von Frank nur dadurch vermieden werden könne, dass die unglückseligen Vorhersagen alsbald ein Ende haben. Dies nahm sie einsichtig und zustimmend auf. Sehr viel schwieriger war es, ihr verständlich zu machen, dass Franks Verhaltensauffälligkeiten und zum Teil auch seine Leistungsprobleme mit dieser Vorhersage in Zusammenhang stehen und Frank folglich pädagogisch-therapeutische Angebote (Spiel- oder Gesprächstherapie) erhalten müsse, um zu einem veränderten Bild und damit zu mehr Selbstvertrauen zu kommen. Doch reichten solche Vorschläge aus? Musste nicht auch der Stiefvater sich dazu bereit finden, bei Frank ein positiveres Bild entstehen zu lassen? Im Beratungsgespräch lenkte der Vater ein, er stellte sogar die Fortschritte des Jungen heraus und scheute sich nicht, eigene Vorschläge in das Förderkonzept einzubringen. Von der Schulleistungsproblematik war jetzt nur noch am Rande die Rede. Sollten in Deutsch und Mathematik allerdings weitere Förderstunden notwendig werden, dann sollte diese unbedingt ein Mann erteilen.

Vielleicht hat der veränderte Förderplan dazu beigetragen, dass Frank, den ich im Frühjahr unverhofft getroffen habe, über „Arbeit und Brot" verfügt und sich offensichtlich gefangen hat.

Karl Schneider

Schüler fragen
Drei Episoden aus Israel

Lehrerfragen, Schülerfragen – als Elemente des unterrichtlichen Sprachspiels sind sie vielfach untersucht, analysiert und erörtert – bearbeitet – worden. Hinreichend oft? Schülerfragen wollen uns in Anspruch nehmen.

Auf unseren Israel-Exkursionen mit Studenten, Lehrern und sonstigen Interessierten besuchten wir wiederholt die *Afek*-Grundschule in Rosh HaAyin. Diese Schule wurde Ende der achtziger Jahre in einem neuen Wohngebiet für jüdische Einwanderer errichtet. Dort werden in vierzehn Klassen von 1 (Alef) bis 6 (Wav) etwa 400 Mädchen und Jungen unterrichtet. Bei unserem Besuch betreten wir eine große, lichte Eingangshalle. Von der Decke hängen viele Papiertauben, nach Oslo Symbole des damals für alle Schulen verbindlichen Jahresthemas *Shalom*. Die Wände sind mit Bildern der Kinder geschmückt, die ebenfalls das Thema Frieden veranschaulichen: Plakate mit *Shalom* und *Salam* in vielen typografischen Varianten; Friedenstauben; Soldaten reichen sich die Hand; Waffen werden zerstört.

Wir besuchen in kleinen Gruppen den Unterricht in mehreren Klassen. In einer abschließenden Gesprächsrunde dürfen die Besucher Fragen an die Schülerinnen und Schüler stellen. Danach sollen auch die Gäste befragt werden. Nach einer kurzen Pause kommen die ersten Fragen: „Warum besuchen Sie gerade Israel?" Und: „Warum kommen so viele junge Leute aus Deutschland nach Israel?" – Ja, warum? Auch jetzt entsteht eine Pause. Dann die Antworten, eher zögernd: Israel: das Heilige Land, das Land der Bibel; das Land, in dem alles begann; das Land, dessen Geschichte so eng und schicksalhaft mit unserer Geschichte verbunden ist; das unheilige Land, das im Mittelpunkt eines tragischen Konflikts steht; das traumhaft schöne Land zwischen Mittelmeer und Jordan, zwischen Hermon, Negev und Rotem Meer ...

Im Rahmen einer Gastprofessur an unserer Partner-Hochschule Beit Berl bei Kfar Saba wurde ich im März 1995 von einem Kollegen in dessen Philosophie-Seminar eingeladen. *Humanistic Education* war sein Semesterthema. Er bat mich, das Bildungsverständnis des deutschen Neuhumanismus in einer Sitzung darzustellen und mit den Studierenden zu diskutieren. Es ist von der Differenzierung zwischen *Erziehung* und *Bildung* in der deutschen Sprache die Rede. Ich lerne, dass es eine ähnliche Unterscheidung zwischen *chinuch* und *haskala* auch im Hebräischen gibt. Wilhelm von Humboldt und sein Konzept der Humanität samt dessen Wirkungsgeschichte bis zu Eduard Spranger und bis in unsere Zeit stehen im Mittelpunkt meiner Darlegungen. Ich habe es mit einer interessierten, aufmerksamen Gruppe von etwa zwanzig jungen Frauen und Männern zu tun. Kurz vor Ende der gemeinsamen Arbeitszeit meldet sich ein Student mit seinen Fragen: „Wurden diese Ideen erst nach dem Holocaust entwickelt, oder gab es die schon zuvor? Welche Änderungen am Bildungsbegriff gab es seither? Und was sagen Sie zu den gegenwärtigen Bildern aus Deutschland?" Mit der letzten Frage sind die Fernsehbilder aus Hoyerswerda, Mölln, Rostock und Solingen gemeint. – Ich kann nur noch zu erkennen geben, dass ich die Fragen verstanden habe. Im persönlichen Gespräch mit einer kleinen Gruppe von Studierenden danach wird uns allen deutlich, wie wichtig und schwierig, wie groß die Aufgabe der *Humanistic Education* ist.

Während eines späteren Aufenthalts am Beit Berl College im März 2001 werde ich gebeten, in einem Soziologie-Seminar über *Interkulturelle Erziehung in Deutschland* zu berichten.
 Der kleinen Seminargruppe von zehn israelischen Studierenden stelle ich mein Programm in fünf Abschnitten vor: Grundbegriffe der Interkulturellen Pädagogik, theoretische Ansätze und Adressaten, Entwicklung von Zielen, Inhalten und Methoden, Vorschläge für eine bessere schulische Praxis, Aufgaben des einzelnen Lehrers. Ich fordere die Studierenden zu Zwischenfragen auf. Davon wird wenig Gebrauch gemacht. Etwa in der Mitte der Sitzungszeit, als ich gerade mit dem dritten Kapitel beginnen will, melden sich zwei Studentinnen (Eine der beiden hatte schon zuvor versucht einzuhaken, was ich jedoch offenbar nicht richtig verstanden hatte. Wir sprachen ja alle in der uns fremden Sprache Englisch.): „Warum ist das deutsche Volk jetzt so offen zu Fremden? Was ist vorher passiert? Warum haben sie diese Ideen nicht 1943 entwickelt?" Die beiden Studentinnen sind sehr aufgewühlt. Ich auch. Eine fährt fort: „Wir müssen sehr vorsichtig sein. Das jüdische Volk sollte mit Deutschen keinen Kontakt pflegen. Ich kümmere mich nicht um sie. Ich kenne keinen einzigen von ihnen. Ich habe noch mit keinem gesprochen. Sie sind der erste Deutsche, mit dem ich spreche, den ich je getroffen habe." –
 Es entwickelte sich ein längeres Zwiegespräch, dessen genauer Inhalt und Verlauf mir nicht in Erinnerung blieb. Die Situation selbst wird mir unvergesslich bleiben: Ich gebe keine Antwort auf die Ausgangsfrage, ich habe darauf keine Antworten. Ich versuche auch nicht, nach den Motiven für solche Fragen in der persönlichen Situation oder in der Familien-

geschichte der Fragerin zu suchen. Ich möchte nur begreiflich machen, dass ich Verständnis für diese Fragen habe, denen auch ich kaum standzuhalten vermag. Und ich versuche zu sagen, dass mein Engagement für die Zusammenarbeit mit unseren Partnern in Beit Berl, für Begegnungen zwischen jungen Menschen aus Deutschland und jungen Israelis, für ein gutes Zusammenleben mit „Fremden" überhaupt, viel mit dem zu tun hat, was diese jungen Frauen umtreibt. Als das Seminar zu Ende ist, bedanken sich acht von zehn Studierenden persönlich für das Gespräch; die beiden Fragerinnen reichen mir zum Abschied die Hand.

Fragen können uns in Anspruch nehmen. Alltägliche, harmlose Fragen verlangen nach Auskünften und Erklärungen. Schwierige, existentielle Fragen, auch solche, die wir als ungerecht empfinden mögen, fordern uns zur Stellungnahme heraus, auch und gerade dann, wenn wir mit unserem Latein am Ende sind. Nicht nur in Israel. Sind wir bereit, uns von *allen* Fragen unserer Schülerinnen und Schüler in Anspruch nehmen zu lassen?

Thomas Seyfarth

Ja, ich bin stark

Natürlich wusste ich über die Wirksamkeit von „Lernen am Modell", wiederholt hatte ich in Fortbildungen darüber gesprochen, dass ich dies für das bedeutendste Erziehungsmittel halte. Vielleicht hat sich gerade deshalb eine kleine, alltägliche Begebenheit in meinem Gedächtnis festgesetzt. Eine kleine Begebenheit, in der ein ringellockiges, spastisch gelähmtes Mädchen mir zeigte, was hilfreiche Unterstützung bedeutet. Selbstverständlich hätte ich es selber wissen können, selbstverständlich hätte *ich* Tobias den Rücken stärken müssen. Aber immer und immer wieder passiert es, dass wir Lehrer, Pädagogen und Psychologen in die „Belehrungs"-Falle laufen, anstatt es einfach selbst besser zu machen.

Tobias war kein niedliches Kind, keines, das die Erwachsenen mit Charme um den Finger wickelt. Er war stark übergewichtig, schwerfällig, ungeschickt und oft mürrisch. Allenfalls seine Unbeholfenheit berührte die Erwachsenen. Bei den anderen Kindern war er nicht beliebt. Meistens schenkten sie ihm keine Beachtung, als Spielkamerad kam er nicht in Frage. So einfallslos und träge, wie er dasaß, konnten sie nichts mit ihm anfangen. Es sei denn, sie langweilten sich. Dann war es ein beliebtes Spiel, ihn wegen seiner „Speckfalten" zu hänseln. Zum Schwimmen kam Tobias schon lange nicht mehr mit. Obwohl er sonst in allem sehr gutmütig war, setzte er sich gegen das Schwimmen heftig zur Wehr. Das Gelächter der anderen über seine schwammige Figur wollte er nicht mehr aushalten.

Sein schlimmster Peiniger war Dominik. Dominik war ein hübscher Junge, anerkannt in der Kindergruppe und manchmal auch gefürchtet. Ständig hatte er neue Ideen, er war flink und wusste immer genau, was er wollte. Seine Rolle als Rädelsführer war unangefochten und die anderen ordneten sich ihm unter. Er liebte es, die anderen zum Lachen zu bringen. Bot sich ihm dafür nichts Besseres, so machte er seine Späße zu Lasten von Tobias.

An jenem Morgen, an den ich mich immer noch erinnere, war wieder einmal Tobias sein Opfer. Tobias saß am Tisch und malte Kreise in sein Vorschulheft. Später sollte ein Teil der Gruppe zum Schwimmen gehen.

„Kreise kannst du bestimmt gut malen", bemerkte Dominik listig. Erstaunt schaute Tobias zu ihm hinüber. „Du bist ja selber ein Kreis, du bist eine Kugel, eine Kugel, die Kreise malt." Dominik lachte hämisch. Einige andere Kinder lachten mit. Tobias schaute weg. Dominik beobachtete Meike. Obwohl Meike eine beinbetonte, spastische Lähmung hatte und nur mit fremder Hilfe gehen konnte, war sie der kleine Star unter den Mädchen. Sie war bei allen beliebt. Blonde Ringellocken umrahmten ihr hübsches Gesicht, und jeder wollte gern in ihrer Nähe sein. Meike schaute nur vor sich hin, sie lachte nicht.

Vielleicht steigerte Dominik deshalb seinen Angriff. „Ist ja klar, warum du nicht zum Schwimmen gehst. Du brauchst ja gar nicht schwimmen zu lernen, du kannst es schon, du schwimmst von allein. Fett schwimmt immer oben, sagt mein Papa ... Wenn du ins Wasser gehst, ist ja nachher das ganze Wasser fettig ...., äh ..., stellt euch mal vor", er schaute sich triumphierend um, „das ganze Wasser voller Tobias-Fett!"

„Dominik, komm sofort zu mir her", rief ich wütend. Eine dicke Träne lief jetzt über das Gesicht von Tobias. Warum hatte ich nicht schon längst eingegriffen? Aber alles war so schnell gegangen! Außer Hörweite von Tobias versuchte ich, Dominik mit pädagogisch wirksamen Argumenten von einem verständnisvolleren Umgang mit Tobias zu überzeugen. In kindgerechter Form erklärte ich ihm, wie wichtig es sei, jeden in seiner Besonderheit zu akzeptieren.

In seinem Gesicht zeigten sich abwechselnd Trotz und Verlegenheit. Ich war verunsichert, spürte, dass es mir nicht gelang, ihn zu erreichen. Plötzlich bemerkte ich, dass sein Blick an mir vorbeiging. Fasziniert und etwas fassungslos starrte er auf irgendetwas hinter meinem Rücken. Ich drehte mich um und folgte seinem Blick.

Meike, der Liebling aller, hatte sich neben Tobias gesetzt, sie flüsterte ihm irgendetwas zu und lachte, und auf dem Gesicht von Tobias breitete sich ganz langsam ebenfalls ein breites Lächeln aus. Jetzt hörten Dominik und ich, wie Meike Tobias bat, ihr zu helfen, in den Garten zu gehen. Er sei auch stark genug, ihr auf die Schaukel zu helfen, und sie wolle gerade so gern schaukeln. Ungläubig schaute Tobias sie an. Es sah aus, als bezweifelte er, dass er richtig gehört hatte. „Jetzt komm doch", drängte Meike. Die Zweifel verschwanden aus Tobias Gesicht, zum ersten Mal sah ich ihn mit strahlenden Augen. „Ja, ich bin stark", versicherte er Meike und stand schnell auf. Fürsorglich streckte er Meike seine Hand hin, sie hielt sich an ihm fest, und zusammen gingen sie auf die Tür zu. Dominik und ich schauten den beiden nach.

Dieses kleine Mädchen hatte uns beiden eine Lehre erteilt. Ich schaute Dominik an. „Komm, wir reparieren endlich dein Fahrrad", sagte ich. „Klar doch", antwortete Dominik.

Ursula Stinkes

„... ich war Jemand mit einem Gesicht und einem Namen ..."

Geschichten

September
A. nimmt eine Überdosis Schlaftabletten.
Der Selbstmordversuch schlägt fehl. Rückkehr nach Hause. Vater und Mutter raten, den Kopf in einen Eimer kaltes Wasser zu stecken, damit sie gescheit werden soll.
Als A. am Abend nicht nach Hause kommt, rufen die Eltern die Polizei. Die Familie ist bekannt ob ihrer Freundlichkeit, ihrer Hilfsbereitschaft gegenüber Mitbürgern. Die Eltern können sich das Verhalten der Tochter nicht erklären.

März
A. lebt seit einem halben Jahr auf der Straße. Sie hat keine Freunde. Später wird sie sagen, dass sie „gesoffen und gekifft" hat. Sie hat Angst. Ab und an nimmt einer sie mit in die unterirdischen Gänge der U-Bahn. Da ist es warm. Sie versteht etwas als Liebe, was andere als Prostitution verstehen könnten.

Mai
Sie ist am Ende ihrer Kraft und geht zurück zu den Eltern. Diese lassen sie mit Hilfe eines befreundeten Psychiaters für vier Monate in die Psychiatrie einweisen.

Oktober
Durch einen Besuch bei Freunden in einer Wohngemeinschaft lerne ich A. kennen. Sie sagt, dass sie studieren will. Wortkarg, misstrauisch, eher ablehnend wirkt sie so, als sei sie stets auf der Hut vor den Menschen. Die Freunde schützen sie, sind ihr im Alltag behilflich wieder Fuß zu fassen.

Zwölf Jahre später
   Ich treffe A. durch Zufall in N., mitten in der Fußgängerzone. Ich erkenne sie kaum wieder. Aber sie erkennt mich und spricht mich an. Sie erscheint mir wie ein völlig veränderter Mensch: Wortgewandt, freundlich, offen mir zugewandt. Es stellt sich heraus, dass sie Art Director in einer großen Werbeagentur ist. Ich habe Mühe, in ihr die Frau wieder zu erkennen, die ich damals vor zwölf Jahren in der Wohngemeinschaft traf. Wir halten Kontakt auf beiderseitige Initiative hin, und in vielen Gesprächen rekonstruiert sich für mich ihr Lebensweg als eine Geschichte von Missbrauch durch den Vater, Aufenthalt in Heimen, Rückkehr zur Familie, Leben auf der Straße, Aufenthalt in der Psychiatrie und einer Wendung zu einem anscheinend „gelungenen Lebensentwurf" mit beruflichem Aufstieg, Ehemann, Freunden und einer Vielzahl von Interessen.
   Auf meine Frage, wie sie mit dieser Biografie leben könne, antwortet sie, dass sie immer nahe am Abgrund lebe, weil die Bilder der Erinnerung nicht immer blass blieben. Diese Bilder zu bannen, kostet sie Kraft.

Zwei Jahre später
   Sie zieht berufsbedingt in eine andere Stadt. Unser Kontakt bricht allmählich ab.

Woher nahm A. ihre Initiative, einen solch enormen Lebensumschwung vollziehen zu können? Was motivierte ihre Ressourcen, Zutrauen zu sich, dem Leben zu gewinnen, und wie schaffte sie es, trotz der sie verletzenden Erfahrungen, seelisch stabil zu bleiben?
   In ihren biografischen Schilderungen wurden unterschiedliche Eckpunkte angegeben, aber es tauchte immer wieder eine entfernte Verwandte auf, die ihr Verlässlichkeit, Vertrauen, Nähe und Zutrauen zu ihren Kräften vermittelte. Mir gegenüber sagte sie, dass diese Verwandte für sie da war, wenn sie einen Halt brauchte. An sie erinnere sie sich, wenn es ihr nicht gut gehe. Sie sei ein wesentlicher Grund für ihr Zutrauen, ein anderes Leben führen zu können: „Sie hat mich fühlen lassen, dass ich vertrauen kann, dass ich mich verlassen kann. Für sie war ich nicht Niemand, ich war Jemand, mit einem Gesicht und einem Namen, und sie war auch dann für mich da, wenn mein Leben krumm lief."

Fragment: Die Härte der Sozialität des Subjekts

Lebensweltliche und lebensgeschichtliche Zusammenhänge sind Ausgangspunkt jeder pädagogischen Fragestellung. Ihre Rekonstruktion in der Sprache bedeutet die Hinnahme eines Verlustes. Denn Sprache begreift, indem sie eingreift. Sie stellt dar, indem sie entstellt. Sie drückt aus, ohne an ein Original zu rühren. Sich für das Gegenteil zu entscheiden, zu schweigen, bedeutet dennoch nicht, aufzuhören, die Dinge beim Namen zu nennen.

Ausgangspunkt soll daher ein Nachdenken über das Ich sein, das zu einem „Jemand" wird durch den Anderen. Anders gewendet: Wodurch motiviert sich die Inanspruchnahme durch den anderen Menschen?

Beginnen wir mit einer Aussage schlichten Zuschnitts: Das Ich ist nicht zu identifizieren in einem Ist- und Soll-Zustand, es ist zu begreifen in verschiedenen Komplexen der Differenzierung von Ich und Nicht-Ich.

Diesen Umstand nenne ich eine wechselseitige Konstituierung. Diese Blickrichtung soll fürs Erste helfen, unsere zeitliche Identität aufzulösen, in der wir uns gerne betrachten, um die Brüche der Lebensgeschichte zu bannen. Und dort, wo ein anthropologisches Denken nach der Subjektivität des Menschen fragt, lässt dieser Blick das Andere, das Außen aufbrechen. Eher beiläufig ließe sich feststellen, dass das fragile und brüchige Ich ein Unterschied ist – seine Lebensgeschichte der Unterschied der Zeiten, der Unterschied seiner Masken. Es realisiert sich in ständigen Maskeraden und Konfigurationen von Selbst und Anderen. Hoffnungen auf ein authentisches Ich entlarven sich dann schnell als Illusion. Die Maskeraden des Ich sind die Artikulationen einer Lebensform, Selbstbilder, in denen sich der Blick der Anderen fängt und deren imaginärer Charakter in keinem letzten Bild zum Stillstand kommt. Die Furcht, man könne vom anderen Menschen genannt werden, man könne bestimmt sein von Eigenschaften, die dem Anderen wie ein Sortiment von lebensgeschichtlichen Daten vorliegen, weist auf das Undurchschaubare der eigenen Existenz. Aber meist wissen die Anderen immer schon genau, wer man ist und werden wird, und der detektivische Blick sagt Laufbahnen vorher und legt Muster der Entfaltung fest. Aber das Ich hat ein Protestpotential, das darin gründet, dass es zwar in Verhältnissen seiner Lebenswelt lebt, das es ist, was es ist, aber nicht in der bloßen Wiederholung, sondern in einer kreativen Aneignung und Verwandlung. Das Leben des Menschen sei Rekapitulation, meint Bernfeld, aber nicht Rekapitulation des Vaters, der Mutter oder der Ahnen, denn daneben ist noch ein Eigenes. Das eigene Leben ist ein Konkretum, es verläuft an konkreten Orten, in einer konkreten Zeit, unter konkreten Umständen.

Für sich selbst ist der Mensch ein Niemand, erst in der Begegnung mit Anderen wird er zu einem Jemand, gleichsam in seiner Existenz beglaubigt. Denn sich selbst zu betrachten, gelingt ihm nicht. Der angeschaute Mensch ist mit Bloch vor sich selbst ein Ohnekopf. Die grundsätzliche Unfasslichkeit des Menschen öffnet ein Feld von Bestimmungsmöglichkeiten, die vom produktiven Mangel versehrter Identität zehren. Der Blick des anderen Menschen gewinnt hier an Bedeutung, denn er reicht mithin an das heran, was Ich nicht sehen kann, es sei denn durch die Resonanz des Blicks des/der Anderen. Wenn man es so lesen will, kann man sagen, dass das Subjektivitätsfeld sich konstituiert, indem es Fragen aufnimmt, die nicht vom Ich gestellt wurden. Echo, Resonanz, Antworten sind responsives Verhalten. Indem das Subjekt auf den Anderen antwortet, übernimmt es dessen Geschichte. Fremdes und Eigenes, Vergangenes und Zukünftiges, Soziales und

Individuelles durchdringen sich und in diesem seltsamen Gemisch findet man das Stigma der vergangenen Ereignisse, daraus erwachsen die Begierden, Ohnmachten und Irrtümer, die unaufhörlichen Konflikte. Halten wir fest: Das Subjekt verwirklicht sich als antwortendes Ich. Indem es auf sich reflektiert, kommt es auf seine Vergangenheit zurück, die für es selbst niemals Gegenwart war. Das Ich ist deshalb unbestimmt oder eine Haltung der Anderen, die das Bild des Ich mitkonstituieren.

Ich schlage an dieser Stelle des Nachdenkens einen ethischen Perspektivewechsel vor. Denn mit der Vertreibung der Illusion einer ontologischen Wesensbeschreibung des Menschen beginnt das Bedenken eines Angesprochen-Seins durch den anderen Menschen. Ich denke den Menschen von seiner Ver-Antwortung her, die immer von Außen an ihn herantritt und seine Innerlichkeit stört. Wer sich einem anderen Menschen nähert, spielt nicht die Rolle eines unbeteiligten Zuschauers. Nähe zu einem anderen Menschen ist nicht eine Beziehung, die ein Unbeteiligt-Sein zulässt. Sie verstrickt sich zur Bruder- oder Schwesternschaft mit dem anderen Menschen. Ihr Merkmal ist keine bewusste Intention, sondern eine Verwandtschaft mit dem Anderen.

Der Andere geht mich daher nicht abgeleitet an, sondern vor-ursprünglich. Eine Beziehung des Bedürfens, die dadurch gekennzeichnet ist, dass der Andere mir „gibt", was mir fehlt, wird in diesem Sinne vertieft durch eine Beziehung des *Begehrens*. Eine solche Beziehung ist ohne Ziel, nicht aber ohne Richtung. Was diese Beziehung des Begehrens bestimmt, ist die Unumkehrbarkeit der Bewegungsrichtung zum Anderen. Was diese Beziehung belebt, ist die Distanz zwischen den In-Beziehung-Stehenden, die in der Beziehung nicht überwunden, sondern unablässig vergrößert wird, die aber in der Beziehung und durch sie eine einzigartig „positive" Bedeutung annimmt: die einer unbedingten Verbindlichkeit zwischen Menschen. Der Charakter dieser Beziehung besteht nach Levinas in der Maßlosigkeit der Verpflichtung, in der sich der Mensch dem anderen Menschen gegenüber vorfindet. Sie verweist auf die Priorität des Verantwortlichseins vor dem Dasein, des Antwortenmüssens angesichts des Anderen. Dieser Umstand kommt einer Geiselschaft nahe.

Bevor diese Überlegungen in einen ethischen Rigorismus abgleiten, der hehren Idealen huldigt, an denen Menschen scheitern müssen, sei darauf verwiesen, dass es mit Levinas zum Wesen des Subjekts gehört, sich im Sein zu behaupten. Gerade darin, dass ich für den Anderen ohne meine Wahl, ohne meine vorhergehende Entscheidung, verantwortlich bin, liegt die Möglichkeit einer Orientierung für mein Handeln. Aber: die Verweigerung dieser Verantwortung ist in allen Schattierungen möglich. Denn *wie* oder *welche* Antwort dem Anderen gegeben wird auf dessen Lebenssituation, bleibt dem Subjekt überlassen. Es gibt keine einklagbare Verantwortung für den Anderen in der hier skizzierten ethischen Ordnung. Denn die Beziehung des Einen zum Anderen bleibt im ethischen Sinn asymmetrisch.

Dass mich der Andere aber vor-ursprünglich angeht, begründet sich durch die Verwundbarkeit des Menschen. Denn nur weil der Mensch verwundbar ist, kann der Andere ihn angehen, kann ihn der Andere berühren, ihn mit oder ohne Absicht leiden machen, und nur so kann er mitleiden. Wäre der Mensch unverwundbar, unempfindlich, dann könnte er das Leiden und die Bedürfnisse des Anderen nicht mitempfinden. Wären wir unverwundbar, bräuchten wir einander nicht, wir könnten uns weder um etwas bitten, noch einander etwas geben, wir gingen im strengen Sinne einander nichts an.

Blickt man auf diese Überlegungen, dann wird die Härte deutlich, mit der die Sozialität dem Subjekt eingezeichnet ist. Und zugleich zeigt dies, was die conditio der Moralität, des Sich-selbst-in-Frage-stellen-Könnens, in letzter Konsequenz bedeutet: nämlich überzugehen von der Position der Selbstgewissheit in eine Selbstentäußerung, einer unablässigen Beunruhigung durch den anderen Menschen.

In den alltäglichen Erfahrungen der Täuschung und Entfremdung, der Nicht-Übereinstimmung mit sich selbst, in der Ausgesetztheit an Gewalt und Verfolgung, in der Bedrängnis selbst, der ich ausgesetzt bin durch die Notsituation Anderer, und in der Unmöglichkeit, mich ihnen völlig zu verschließen und mich auf mich selbst zurückzuziehen; in der Beunruhigung, die mir bleibt, wo ich mich de facto verschließe, und die sich noch verstärkt, wo ich mich nicht verschließe, und noch in den Techniken, die erdacht und praktiziert werden, sich diese Beunruhigung zu verheimlichen – in all diesen alltäglichen und kaum beachteten Abläufen und Vorkommnissen macht sich eine Passivität bemerkbar, der wir in keiner Weise gewachsen sind.

Einen Schritt weiter gehend könnte man sagen, dass die Menschlichkeit des Menschen sich keineswegs erschöpft in der Aufgabe des Daseins, sein Sein zu sein. Meine Subjektivität bestimmt sich weniger durch mein „Zu-Sein" als durch mein „Zu-Antworten-Haben" und der Bezug ist hierbei der Andere. Leben und Tod des Anderen sind mir aufgebürdet, sind mehr und sind eher „meine Sache" und meiner Sorge übertragen. Dass von mir Rechenschaft verlangt wird für das, was ich weder begangen noch verschuldet habe, das ich tragen soll, was über meine Kräfte gehen kann, und dass eben dies zuerst und zuinnerst mein Ich ausmacht – darin besteht die Härte des Gedankens und der in ihm artikulierten Bestimmung, die eigentliche Zumutung, dass die Sozialität dem Subjekt eingezeichnet ist. Eine Pädagogik, die Kindern und Jugendlichen zur Initiative verhelfen will, vertieft sich daher jenseits von lebensweltlichen und lebensgeschichtlichen Zugängen um die Dimension einer Ethik vom Anderen her.

Sie bürdet dem Einzelnen auf, seine Verantwortung zu erleiden, die immer größer bleibt als das, was von ihr übernommen werden kann.

Elisabeth Wehr-Herbst

Ein vielsagender Blick gen Himmel

Ich kam frisch von der PH – voller Enthusiasmus und Engagement – auf eigenen Wunsch an eine Schule für Körperbehinderte, ohne jegliche Ausbildung in Sonderpädagogik. Meine ersten Schülerinnen und Schüler, sie besuchten dort eine 6./7. Hauptschulklasse, haben mich tief beeindruckt. Noch heute, nach dreißig Jahren, sind mir alle ihre Namen präsent.

Vorne links saßen Rolf und Wolfgang in ihren Rollstühlen einträchtig nebeneinander. Neben den beiden hatte Achim seinen Platz. Seiner Spina bifida wegen musste auch er einen Rollstuhl benutzen. Im Selbstporträt zeichnete er im Vergleich zu Kopf und Oberkörper seinen Unterleib und die Beine nur rudimentär und winzig klein, so als hätten sie für ihn fast keine Bedeutung.

Angelika, groß und schlaksig, wäre mit ihrer leichten Tetraplegie heute wohl in einer Integrationsklasse. Karin war ihre Nebensitzerin. Sie durfte nicht dabei sein, wenn Dias und Filme gezeigt wurden, denn dadurch hätten ihre epileptischen Anfälle ausgelöst werden können, und die galt es unter allen Umständen zu vermeiden. Das lernte ich von der erfahrenen Klassenlehrerin gleich in der ersten Woche. Karin schenkte mir zum Abschied selbstgehäkelte Topflappen, weiß mit lila Rand. Bei ihrer Hemiplegie war das eine große Leistung. Diese Topflappen benutze ich noch heute. Schade, dass ich ihr das nicht mehr sagen kann!

Neben ihr Ariane, hübsch und charmant; dieses Mädchen war sozial so kompetent, wie ich dies während meines ganzen Schuldienstes nie mehr erlebt habe. Sie sah sofort und ohne jede Aufforderung, wo Hilfestellung nötig war. Ihr größtes Problem war ihr sogenanntes „Rechenloch".

Uli, den am schwersten behinderten Schüler, mochte ich am meisten. Er saß hinten rechts in einem großen Rollstuhl mit hoher Kopflehne und konnte außer „Ja" nichts sprechen. Aber er lachte immer an der richtigen Stelle! Seine Aufsätze tippte er höchst mühsam mit spastischem Finger; sie hatten nicht selten gymnasiales Niveau. Wenn er den Eindruck hatte, er werde vernachlässigt, nahm er alle seine motorischen Kräfte zusammen, streckte den Kopf nach vorne und ließ ihn aus der Kopfstütze heraus links neben den Rollstuhl fallen. So hing er dann völlig hilflos, annähernd rechtwinklig, in und neben seinem Rollstuhl. Das rief natürlich die Lehrerin auf den Plan, welche ihn liebevoll und sanft wieder in die richtige Position bringen musste. Als ich sein Spiel durchschaute und ihn daraufhin ansprach, musste er so lachen, dass er beinahe aus seinem Rollstuhl herausgefallen wäre.

Neben Uli hatte Jürgen seinen Platz. Seit seiner frühen Polioerkrankung war er gehbehindert. Aber schon damals wusste Jürgen, dass er Schreiner werden wollte. Er konnte schneller Kopfrechnen als seine Lehrerin. Es tat ihm gut, dass ich das offen anerkannte und ihn dafür lobte.

Die Runde rechts vorne beschloss ein zweiter Wolfgang, der seiner Kleinwüchsigkeit wegen „Wolfi" genannt wurde. Wolfi demonstrierte mir als erster, was typisch sonderpädagogische Unterrichtssituationen sind. Eines Tages ließ er nach der Pause die Klasse mucksmäuschenstill werden. Ein durchdringend hochfrequenter Piepton erfüllte den Raum. Wolfi genoss sichtlich das Erstaunen und den fragenden Gesichtsausdruck seiner jungen Lehrerin. Mit überlegener Miene erklärte er anschließend, dass er ein Hörgerät tragen müsse und was er und die Lehrerin folglich zu beachten hätten.

Am eindrücklichsten war für mich jedoch jene Episode aus dem Nachmittagsunterricht: Rolf und Wolfgang, beide mit der Diagnose Progressive Muskeldystrophie, saßen leicht geneigt in ihren Rollstühlen und – wie schon angedeutet – in einer Art Schicksalsgemeinschaft immer nebeneinander. Sie waren schlau genug, ihre begrenzte Lebenserwartung zu kennen. Mittags wurden sie in der Regel zur physischen Erholung auf Liegen gebettet, was sie jedoch mit ihren zwölf, dreizehn Jahren nur schwer akzeptieren konnten. An jenem Sommernachmittag stand Mathematik auf dem Stundenplan, und wir alle waren nur darauf bedacht, das geforderte Soll baldmöglichst hinter uns zu bringen. Da brachte es Wolfgang für sich auf den Punkt: „Warum muss ich das eigentlich alles noch lernen?" Dabei warf er einen vielsagenden Blick gen Himmel. Dieser Blick war eindeutig, seine Frage stand unüberhörbar im Raum. Spontan dachte ich: „Eigentlich hat er recht." Aber das traute ich mir nicht zu sagen. Herausgekommen ist eine beschwichtigende, nichtssagende Erwiderung, die ich noch heute bedauere.

Wolfgang konfrontierte mich damals unvorbereitet mit der Fragwürdigkeit von Bildungszielen für ihn und seinesgleichen. Erst Jahre später konnte ich diesen Problembereich theoretisch aufarbeiten. Wolfgangs Frage hatte den Anstoß dafür gegeben, dieses wichtige Thema im Rahmen meiner Lehrveranstaltungen regelmäßig aufzugreifen.

Hermann Wenzel – Publikationen

Monographien und Sonderdrucke

Fürsorgeheime in pädagogischer Kritik – eine Untersuchung in Heimen für männliche Jugendliche und Heranwachsende. Stuttgart 1970, 2. Aufl. 1973.

„Dipl.-Päd." – Chance oder Hindernis bei der beruflichen Karriere von Sonderpädagogen? – Ergebnisse einer Absolventenbefragung. Sonderdruck PH Ludwigsburg 1993.

Lernen im Betrieb. Evaluation des Kontaktstudiums der Pädagogischen Hochschule Ludwigsburg. Mit A. Frank. Sonderdruck PH Ludwigsburg 1995.

Team(s) Lernen Team Arbeit – Lernkonzepte für Gruppen- und Teamarbeit. Mit I. Besemer u. a. Weinheim 1998.

Das erziehungswissenschaftliche Diplomstudium der Studienrichtung Sonderpädagogik an der Fakultät für Sonderpädagogik in Reutlingen – Ergebnisse einer zweiten Absolventenbefragung. Mit E. Götze und M. Zimmermann. Sonderdruck PH Ludwigsburg 1999.

Beiträge in Sammelbänden und Festschriften

Erziehungsheime kritisch betrachtet – Freizeiterziehung und Disziplinarmaßnahmen in Heimen für sozial auffällige Jugendliche. In: A. Flitner und Mitarbeiter (Hg.): Brennpunkte gegenwärtiger Pädagogik. München 1969, 2. Aufl. 1970, S. 166-181.

Notwendigkeit und Möglichkeit einer Erziehung zur Kreativität. In: H. Hauke (Hg.): Aktuelle Erziehungsprobleme. Heidenheim 1971, S. 67-83.

Curriculum-Entwicklung im Elementarbereich. Mit W. Weinmann. In: G. Hundertmarck, H. Ulshoefer (Hg.): Kleinkindererziehung. Band 3. München 1972, S. 114-143.

Die wissenschaftlichen Grundlagen der Vorschulerziehung. In: Elternseminar Vorschulerziehung 72/73. VHS Reutlingen 1973, S. 17-32.

Das Kind in der veränderten Umwelt. In: Elternseminar Vorschulerziehung 72/73. VHS Reutlingen 1973, S. 33-44.

Einbeziehung des Jugendgerichtsgesetzes in ein neues Jugendhilfegesetz. Mit H. E. Colla. In: E. Jordan (Hg.): Jugendhilfe. Weinheim 1975, S. 185-190.

Erziehung zur Handlungsfähigkeit: Kinderspielplatz „Ziegelburren". Mit W. Popp und Chr. Wenzel. In: K. P. Hemmer (Hg.): Sachunterricht Gesellschaft 1-4. München, Wien, Baltimore 1982, S. 269-294.

Familie und Kindheit im 16. und 17. Jahrhundert – Betrachtung zu zwei Epitaphien in der Münsinger Martinskirche. In: Stadt Münsingen (Hg.): Münsingen, Geschichte – Landschaft – Kultur. Festschrift zum Jubiläum des württembergischen Landesvereinigungsvertrages von 1492. Sigmaringen 1982, S. 269-294.

Vom Numerus Clausus bis zum Ausverkauf. In: 25 Jahre Pädagogische Hochschule Reutlingen – Rückblick der Rektoren 1962 bis 1987. Reutlingen 1987, S. 79-119.

Behinderte Kinder in der Grund- und Hauptschule. In: Schriftenreihe herausgeben vom Förderkreis Reutlinger Lehrerbildung, Heft 9 (1988), S. 11-20.

Das Kontaktstudium „Lernen im Betrieb". Ein zweisemestriges Studium mit Präsenzphasen und angeleitetem Selbststudium zur Vertiefung und Erweiterung der betriebspädagogischen Qualifikation. Mit D. Esch, Chr. Glathe, K. Schneider. In: Bildung in neuer Sicht 53: Lernen in der Arbeitswelt: Pädagogische Hochschulen und Unternehmen auf neuen Wegen. Villingen 1990, S. 119-155.

Zur Frage der Bildung und Identität Behinderter. In: S. Klöpfer (Hg.): Sonderpädagogik praktisch. Beiträge zur Erziehung und zum Unterricht von Schülerinnen und Schülern mit Behinderungen. Reutlingen 1997, S. 33-41.

„Ich glaube, er hatte ein Schwert und kämpfte gegen Drachen" – Annäherung an ein anderes Vaterbild. In: G. G. Hiller (Hg.): Du könntest mein Vater sein. Wozu eine Kurzgeschichte das pädagogische Denken provoziert. Langenau-Ulm 1999, S. 149-154.

Current aspects of furtherance and care of persons with disabilities within and outside school settings in Germany. In: M. L. Calhoun, H. Melenk (Ed.): Students at Risk. Educational Strategies in the United States and in Germany. Charlotte 1999, S. 56-66.

Cooperation between regular and special education schools in Baden-Württemberg. In. M. L. Calhoun, H. Melenk (Ed.): Students at Risk. Educational Strategies in the United States and in Germany. Charlotte 1999, S. 79-85.

Education and the Identity of the Handicapped. In: G. Bräuer, P. Fenn, A. Hofman, I. Schnell, G. Stephan (Hg.): Nationality – Identity – Education. Hamburg 1999, S. 351-364.

„Und ich glaube, ich werde viele Tage meiner Zukunft hinter Gittern verbringen ..." – Stigmatisierung und soziale Randständigkeit oder ein selbstbestimmtes und selbstgestaltetes Leben junger Aussiedler? In: H. Schell (Hg.): Selbstgestaltung in der Sonderpädagogik – Begegnungen mit Hansjörg Kautter. Heidelberg 2001, S. 191-199.

Zeitschriftenaufsätze

Die Fluktuation in öffentlichen Erziehungsheimen. In: Zeitschrift für Pädagogik 4 (1969), S. 417-423.

Führungsstil und Heimstruktur – Gründe für die Misere der Heimerziehung. In: Sozialpädagogik 5 (1970), S. 194-205.

Grundlagen der Vorschulerziehung. Mit D. Beitl, G. Kleinschmidt, H. Kratzmeier, H. Moosmann. In: freie Schule, Beiheft 2 (1971), S. 3-9.

Vorschulische Curricula. In: Wissenschaft und Praxis in Kirche und Gesellschaft 4 (1972), S. 188-195.

Theoretische Grundlagen der Vorschulerziehung. In: Lehrergilde rundbrief 1/1973, S. 1-5.

Die randständige Stellung der Sozialpädagogik im Bildungsgefüge. In: Verband Evangelischer Sozialpädagogen e.V. (Hg.): Information 1975, S. 1-18.

Die „Erste Phase der Lehrerbildung" unter den Bedingungen des PH-Gesetzes. In: Lehrerzeitung 10 (1980), S. 249-251.

Memorandum der Landesrektorenkonferenz zur Situation der Pädagogischen Hochschulen und der Berufspädagogischen Hochschule Baden-Württembergs. (Mitverfasser) 1981.

Positionspapier der Landesrektorenkonferenz der Pädagogischen Hochschulen Baden-Württembergs. (Mitverfasser) 1987.

Soziale Versorgung und Behindertenarbeit in der Volksrepublik China. In: Zeitschrift für Heilpädagogik 3 (1989), S. 193-202.

Die Veränderung der Lebenswelt des Kindes und Jugendlichen. In: Lehrergilde rundbrief 1/1989, S. 24-36.

Gewalt gegen Kinder – Misshandlung, Vernachlässigung und sexueller Missbrauch von Kindern (Ursachen, Folgen, Interventionsmöglichkeiten). In: Schriftenreihe herausgegeben vom Förderkreis Reutlinger Lehrerbildung, Heft 13 (1993), S. 1-20.

Überlegungen zur Prävention sexuellen Missbrauchs von Kindern. In: Schriftenreihe herausgegeben vom Förderkreis Reutlinger Lehrerbildung, Heft 13 (1993), S. 21-37.

Kunstgeschichtliche Veröffentlichungen / Kunstkataloge

Martinskirche Münsingen – Baugeschichte und gegenwärtiger Bestand. Münsingen 1979.

Kein Bild von einer „guten alten Zeit" – Martinskirche Münsingen: In: H. Keil (Hg.): Steine, Holz und Bilder reden – Entdeckungen in unseren württembergischen Kirchen. Stuttgart 1984, S. 101-107.

Ein Besuch bei Max Dentler. In: Max Dentler zum 70. Geburtstag. Reutlingen 1989 (Kunstkatalog), S. 75-78.

Gerhard Grimm – zur Person und zum Werk des Künstlers. In: Gerhard Grimm – Zeichner – Maler – Holzschneider. Reutlingen 1991 (Kunstkatalog), S. 7-12.

K. Arthur Kittinger – Retrospektive zum 80. Geburtstag. Göppingen 1997 (Kunstkatalog).

Autorinnen und Autoren

Werner Bleher
Dr. paed., Dipl.-Päd., Studienrat für Werken, Technik, Gestalten, Pädagogische Hochschule Ludwigsburg/Reutlingen

Elisabeth Braun
Dipl.-Päd., Professorin für Rhythmisch-musikalische Erziehung in der Sonderpädagogik, Pädagogische Hochschule Ludwigsburg/Reutlingen

Christoph Ertle
Dr. phil., M.A., em. Professor für Verhaltensgestörtenpädagogik, Pädagogische Hochschule Ludwigsburg/Reutlingen

Norbert Feinäugle
Doctor of Philosophy (University of Texas), Professor für Deutsche Sprache und Literatur, Pädagogische Hochschule Weingarten

Rudolf Giest-Warsewa
Dipl.-Päd., Sozialberater, Lehrbeauftragter an der Evangelischen Fachhochschule für Sozialwesen und an der Fakultät für Sonderpädagogik der Pädagogischen Hochschule Ludwigsburg/Reutlingen

Bernd Götz
Dr. phil., Professor für Soziologie der Behinderten, Pädagogische Hochschule Ludwigsburg/Reutlingen

Gotthilf Gerhard Hiller
Dr. phil., Professor für Sonderpädagogische Erwachsenenbildung, Pädagogische Hochschule Ludwigsburg/Reutlingen

Ingeborg Hiller-Ketterer
Dr. phil., Professorin für Allgemeine Pädagogik, Allgemeine Sonderpädagogik und Schulpädagogik, Pädagogische Hochschule Ludwigsburg/Reutlingen

Peter Jauch
Dr. rer. soc., Akademischer Rat für Soziologie der Behinderten, Pädagogische Hochschule Ludwigsburg/Reutlingen

Stefan Jeuk
Dipl.-Päd., Akademischer Rat für Sprachbehindertenpädagogik, Pädagogische Hochschule Ludwigsburg/Reutlingen

Hansjörg Kautter
Dr. phil., Dipl.-Psych., em. Professor für Sonderpädagogische Psychologie, Pädagogische Hochschule Ludwigsburg/Reutlingen

Ursula Kerpa
Dr. phil., Dipl.-Psych., Professorin für Körperbehindertenpädagogik, Pädagogische Hochschule Ludwigsburg/Reutlingen

Gerhard Klein
Dr. phil., em. Professor für Lernbehindertenpädagogik, Pädagogische Hochschule Ludwigsburg/Reutlingen

Karlheinz Kleinbach
Dr. rer. soc., Akademischer Rat für Allgemeine Sonderpädagogik und Rehabilitationspädagogik, Pädagogische Hochschule Ludwigsburg/Reutlingen

Siegfried Klöpfer
Dr. paed., Sonderschulrektor, Leiter der Schule für Geistigbehinderte, Mariaberger Heime, Gammertingen

Walter König
Dr. phil. h.c., em. Professor für Schulpädagogik, Pädagogische Hochschule Reutlingen

Friedrich Kümmel
Dr. phil. habil., em. Professor für Philosophie, Pädagogische Hochschule Ludwigsburg, apl. Professor für Philosophie, Universität Tübingen

Wolfgang Lipps
Sonderschulrektor, Leiter der Körperbehindertenschule Region Neckar-Alb, Körperbehindertenförderung Neckar-Alb (KBF), Mössingen

Hartmut Melenk
Dr. phil, Professor für Deutsche Sprache und Literatur, Rektor der Pädagogischen Hochschule Ludwigsburg

Werner Nestle
Dr. phil, Professor für Lernbehindertenpädagogik, Pädagogische Hochschule Ludwigsburg/Reutlingen

Walter Popp
em. Professor für Erziehungswissenschaft und Schulpädagogik, Pädagogische Hochschule Ludwigsburg

Gabriele Roth
Dr. paed., Dipl.-Päd., Akademische Rätin für Erziehungswissenschaft, Pädagogische Hochschule Ludwigsburg

Herbert Schaible
Oberstudienrat, Fachrichtung Lernbehindertenpädagogik, Pädagogische Hochschule Ludwigsburg/Reutlingen

Hans Schell
Dr. phil., Dipl.-Psych., Professor für Lernbehindertenpädagogik, Pädagogische Hochschule Ludwigsburg/Reutlingen

Karl Schneider
Dr. phil., Professor für Erziehungswissenschaft, Pädagogische Hochschule Ludwigsburg

Thomas Seyfarth
Dipl.-Psych., Geschäftsführer der Körperbehindertenförderung Neckar-Alb (KBF), Mössingen

Ursula Stinkes
Dr. paed., Professorin für Geistigbehindertenpädagogik, Pädagogische Hochschule Ludwigsburg/Reutlingen

Elisabeth Wehr-Herbst
Dr. paed., Dipl.-Psych., Akademische Oberrätin für Körperbehindertenpädagogik, Pädagogische Hochschule Ludwigsburg/Reutlingen

Hiller, Kautter (Hg.)	**Chancen stiften** Über Psychologie und Pädagogik auf den Hinterhöfen der Gesellschaft 14,2x21 cm, 224 Seiten, 15,00 Euro ISBN 3-88360-074-1
Hiller, Nestle (Hg.)	**Ausgehaltene Enttäuschungen** Geschichten aus den Arbeitsfeldern der Lernbehindertenpädagogik 14,2x21 cm, 136 Seiten, 9,50 Euro ISBN 3-88360-123-3
Gotthilf Gerhard Hiller (Hg.)	**Du könntest mein Vater sein** Wozu eine Kurzgeschichte das pädagogische Denken provoziert 14,2x21 cm, 160 Seiten, 8 Abb. 12,50 Euro ISBN 3-88360-128-4
Gotthilf Gerhard Hiller (Hg.)	**Jugendtauglich Konzept für eine Sekundarschule** 14,2x21 cm, 104 Seiten, 10,50 Euro ISBN 3-88360-113-6
Gotthilf Gerhard Hiller	**Ausbruch aus dem Bildungskeller** Pädagogische Provokationen 4. Auflage 14,2x21 cm, 272 Seiten, 33 Abbildungen, 15,00 Euro ISBN 3-88360-065-2
J. Schroeder, M. Storz (Hg.)	**Einmischungen** Alltagsbegleitung junger Menschen in riskanten Lebenslagen 14x21 cm, 304 Seiten, 16,00 Euro ISBN 3-88360-112-8
M. Storz, Chr. Stein-Siegle (Hg.)	**Alltagsbegleitung konkret** Leitfaden für die Praxis 21x29,7 cm, 64 Seiten, 7,50 Euro ISBN 3-88360-114-4
H.-J. Friedemann, J. Schroeder	**Von der Schule ... ins Abseits?** Berufliche Eingliederung benachteiligter Jugendlicher, Wege aus der Ausbildungskrise 14,2x21 cm, 216 S., 15,– ISBN 3-88360-130-6
Michael Burgert	**Fit fürs Leben** Grundriss einer Pädagogik für benachteiligte Jugendliche 14,2x21 cm, 256 Seiten, 17,50 Euro ISBN 3-88360-134-9
H.-J. Friedemann	**„Gäste" in Schule und Unterricht** Konzept einer sozialräumlichen und kulturbezogenen Entwicklung 14,3x21 cm, 304 Seiten, 18,50 Euro ISBN 3-88360-135-7
Werner Baur	**Zwischen Totalversorgung und der Straße** Langzeitwirkungen öffentlicher Erziehung 14,2x21 cm, 256 Seiten, 17,50 Euro ISBN 3-88360-119-5
Joachim Schroeder	**Zahlen Welten** Bausteine für einen interkulturellen Mathematikunterricht 16,9x23,7 cm, 176 Seiten, 139 Abbildungen, 17,50 Euro ISBN 3-88360-111-X
Armin Vaas Verlag	Osterstetter Straße 20 89129 Langenau - Ulm Telefon 07345/7736 Fax 07345/5451